南会津・大内の写真記録

瞬間の遺産　一～四　合巻

相澤韶男著

八坂書房

合巻にあたって

本書は、ゆいデク叢書『瞬間の遺産（大内の写真記録） 一〜四』の合巻である。

著者が昭和四十二（一九六七）以来、半世紀にわたって、福島県南会津郡下郷町大内にある、草屋根の宿場保存を訴えながら撮影してきた写真を整理し、平成十二年より刊行してきた『瞬間の遺産一（草屋根の一年・行事の一年）』、『瞬間の遺産二（大地《おほち》で生きる）』、『瞬間の遺産三（共に暮らす）』、『瞬間の遺産四（大内のこどもたち）』を合巻として一冊にまとめた。

「瞬間の遺産」の各巻は、主に大内の村で販売しているが、本書は全国の人にも見てもらいたくて、合巻にまとめ、題簽を「瞬間の遺産」から、『南会津・大内の写真記録』に変更した。合巻では目次が各巻に分かれているので、全貌を示すため冒頭に総目次をつけた。

本書ができるまでには、多くの人と法人の支えがあった。いつ訪れても我が子のように世話をしてくれた大内の浅沼ツネさん（大正二年生・百四歳）に感謝している。近畿日本ツーリスト資料室（日本観光文化研究所）の支えがなければ撮影の継続はできなかった。宿場の実測図作成には、武蔵野美術大学の生活文化研究会と建築学科の学生諸君の労力がある。研究助成を受けたトヨタ財団、エッソスタンダード石油の支援も大きかった。

平成二十九年十二月十四日　　東京都大田区・雑色にて　　相沢韶男

総目次

南会津・大内の写真記録

大内の写真記録

瞬間の遺産 一

相沢韶男著

ゆいデク叢書

交通案内

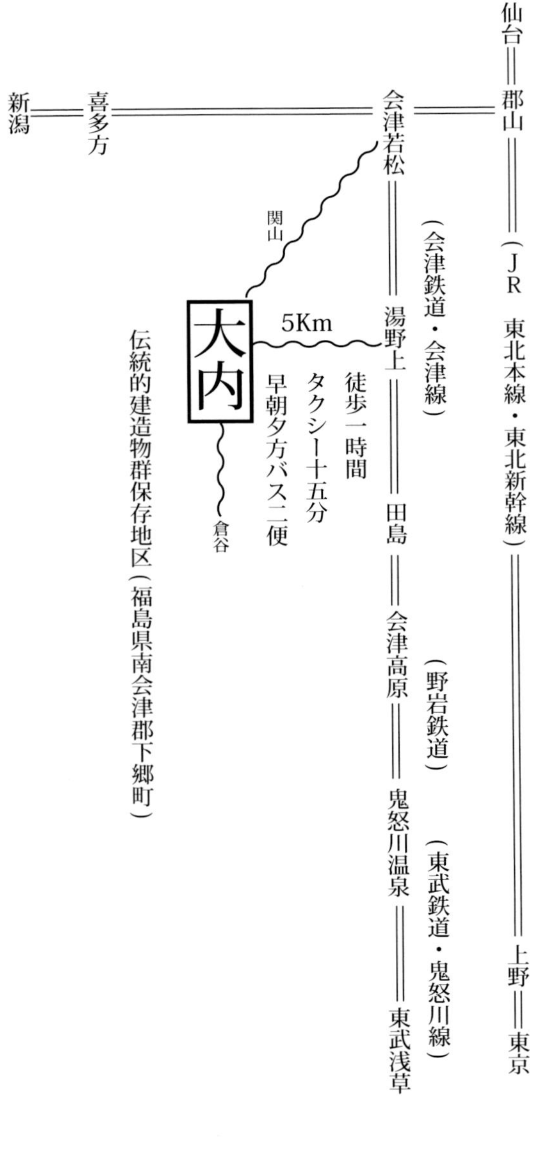
仙台
郡山
（JR　東北本線・東北新幹線）
上野
東京
新潟
喜多方
会津若松
（会津鉄道・会津線）
湯野上
田島
会津高原
（野岩鉄道）
鬼怒川温泉
（東武鉄道・鬼怒川線）
東武浅草
関山
大内
5Km
倉谷
徒歩一時間
タクシー十五分
早朝夕方バス二便
伝統的建造物群保存地区（福島県南会津郡下郷町）

南の山からの宿場　北進して氷玉峠を越えると若松平が開ける　昭和44年5月

周囲の水田の多くは大正時代の開墾無尽によって開かれた　昭和47年3月30日

東の山腹からの村　雪がとけ農作業の準備に忙しくなる頃

小野嶽にさえぎられた遅い朝日が草屋根に射した一瞬　　昭和44年5月

草屋根からの湯気　　　農家の朝は早いが　美しい出会いもある

芝桜（石垣桜）

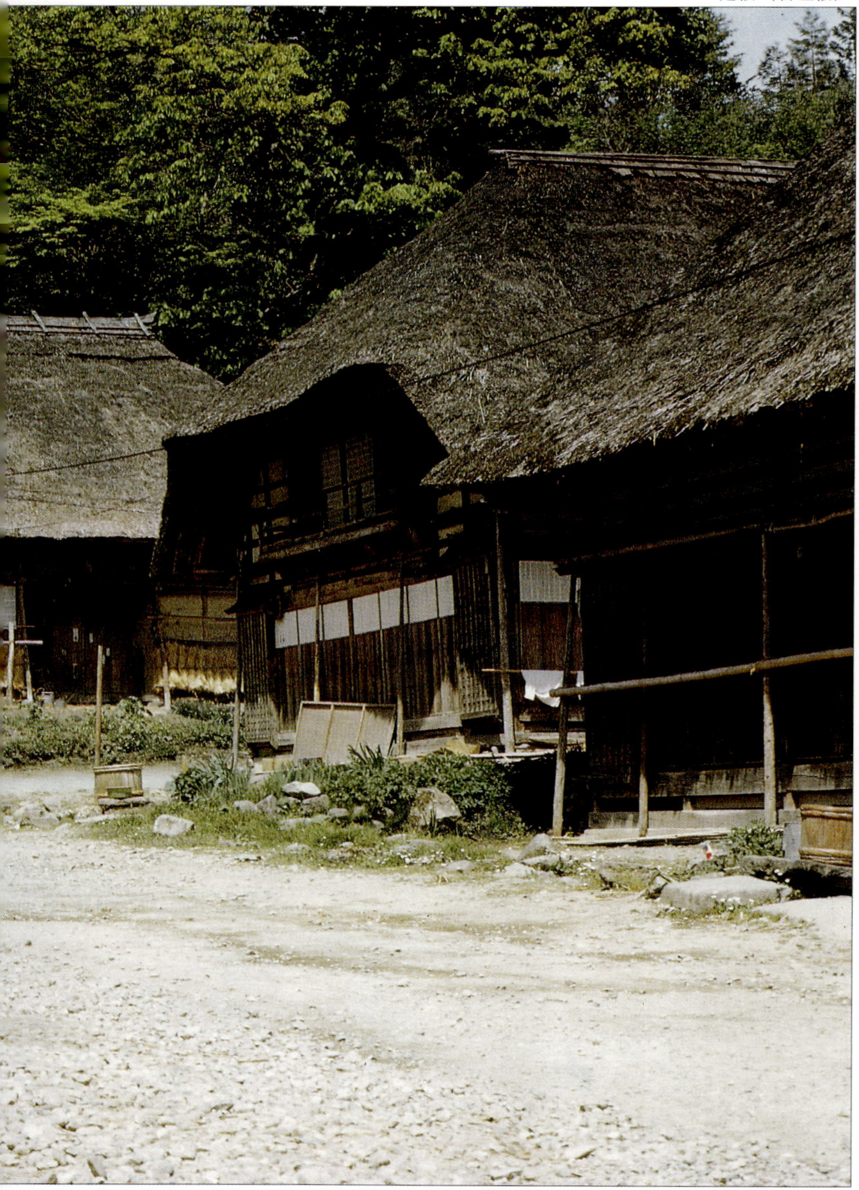

この植物は北アメリカ原産という　されば花の文明開化といえる　昭和44年5月

芝桜　村の人は石垣桜ともいう　山川草木の彩りに季節をはかる心を知る

明治期に用水は2本に分けた　その石組も改造されて今はない　昭和44年5月

用水の作業では洗い物が流れないように工夫がされる

農村として生きた村は　麻や煙草を干す場に家の前を使った　昭和44年5月

宿場時代の用水は1本だった　荷継ぎのため　家の縁の前に馬がつながれた

すれ違う荷は湯野上からの行商　中は塩引きの魚か　昭和44年5月

朝の始動　　馬がいなくなって朝仕事も遅くなった　耕耘機で野良に向かう

農作業に鎌は欠かせない　野良に向かう前に研ぐ　　昭和44年

一仕事終えて汗を拭き　これから昼飯の準備　昭和42年

いろりに鍋はつきもの　女にとっては暮らしを支える必需品　　昭和44年

半夏祭の前日　この日から道具止め（農休日）となる　　昭和44年7月1日

農作業を一段落させて　誰もが楽しみにしている日を迎える　昭和44年7月1日

元は「高倉大明神祭」といって旧暦5月19日の祭礼だった　昭和44年7月2日

高倉神社を出た神輿は　一の鳥居で待つ山車を後に北へと向かう

8月16日の夕方の送り火まで　朝夕　家の前で門火を焚く　　昭和44年8月14日

門火　14日夕方墓参りがすむと迎えの火を焚く　仏様が煙にのって下りてくる

修養会が組んだヤグラのまわりを輪になって踊る　昭和44年8月15日

屋並の見える位置に祖先は眠る（正法寺の墓地より）　昭和42年9月

家族総出の大根洗い　盆がすむと再び忙しくなる　昭和44年8月

地面や軒に干しているのは煙草　品種は松川葉　昭和42年9月

最初の大内（上）　これほど草屋根の宿場の面影を残した村はほかになかった

その空き地を境に　北を上（かみ）南を下（しも）と呼ぶ　　昭和42年9月28日

最初の大内（下）宿場の中ほどの「火の見」と「鳥居」には火避け屋敷がある

アンテナからの屋並

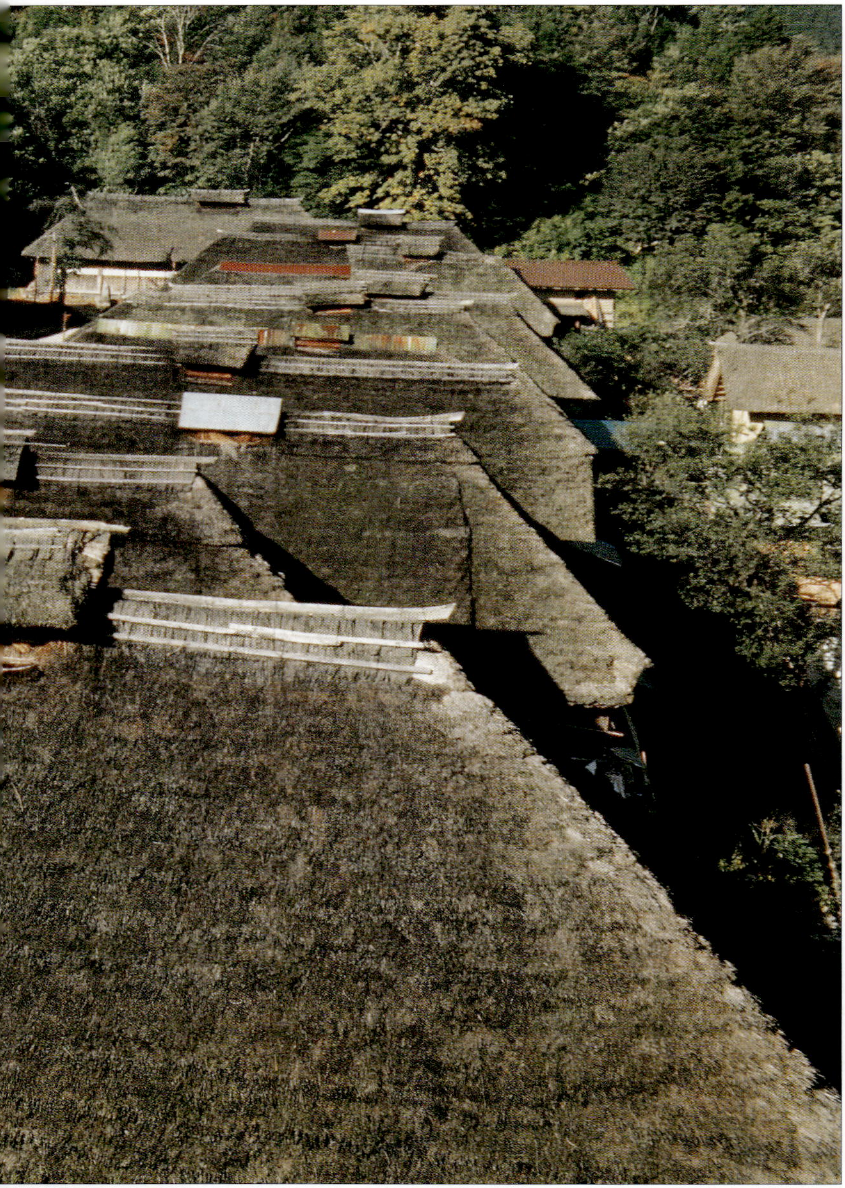

決死の覚悟をして　素足でよじ登り　片手で撮影した　昭和44年10月

テレビ受信のため　共同アンテナが立っていた時代があった

夕方まで陽の当たる場所にタバコを移動して干す　昭和42年9月27日

北の高台には観音堂があり　近くに村を見渡す場所がある　　昭和44年10月

稲ハデと屋並

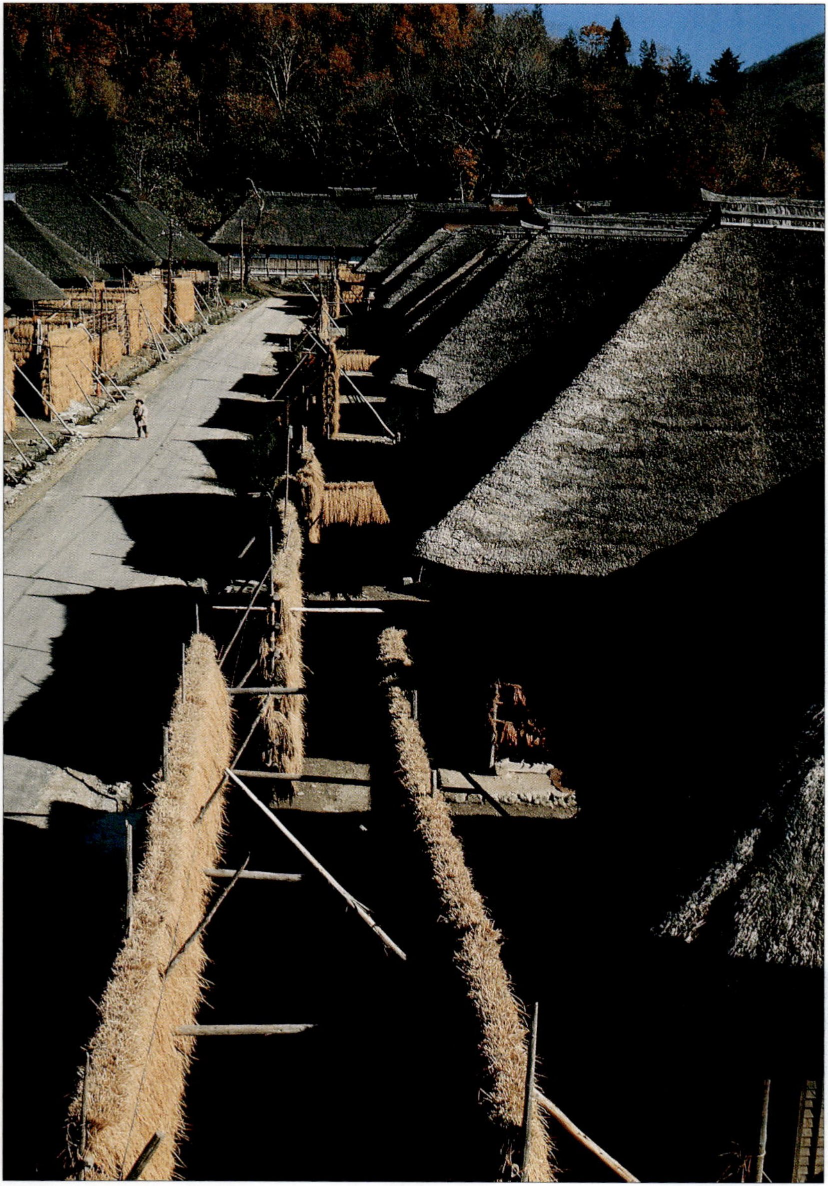

ハデを宿場の屋並の中にゆい　稲を干した時代もあった　昭和44年10月

宿場時代の初期の水田面積は1町3反8畝ほどで　飯米としては不足した

開田は幕末にもされたが　大正期の開墾無尽で本格的になった　昭和44年10月

村の人でさえ隣の家に飛び込むほど　取り入れの時期は忙しい　　昭和44年10月

稲ハデを結（ゆ）うと屋並みが隠れて　どの家か区別がつかなくなる

翌年　茅と葦は草屋根の修理に使う　伝承生活の合理といえる　昭和44年11月

 冬囲い　取り入れがすむと雪の到来は間近　茅や葦簾（よしず）で家を囲む

雪が落ちてくると男は稼ぎに出た　そんな時代は過去になった　昭和44年12月

村の人は　ツララのことを「氷下がった」といった　昭和44年12月

雪で峠が越えられなくなることを　馬足が止まるといった　昭和44年12月

冬は雪や曇天の日が多い　馬の背の輸送に頼った時代は物資も雪に左右された

降ろした雪で隣家との間は山となる　階段を作り出入りする　昭和44年12月

雪の量は　二日で1mほど積もることがある　油断すれば家はつぶされる

昔は家の中の冬仕事があり　草履や蓑など藁細工をした　　昭和44年12月

冬の寒さは厳しい　卵も凍るほどである　冷蔵庫も温蔵庫として機能する

ほおっておけば　雪は軒まで達する　冬は雪かたしに追われる　昭和52年1月

行事の一年

1月1日　村の鎮守は高倉神社で　高倉宮以仁王伝説が伝えられる　　昭和59年

元旦参り

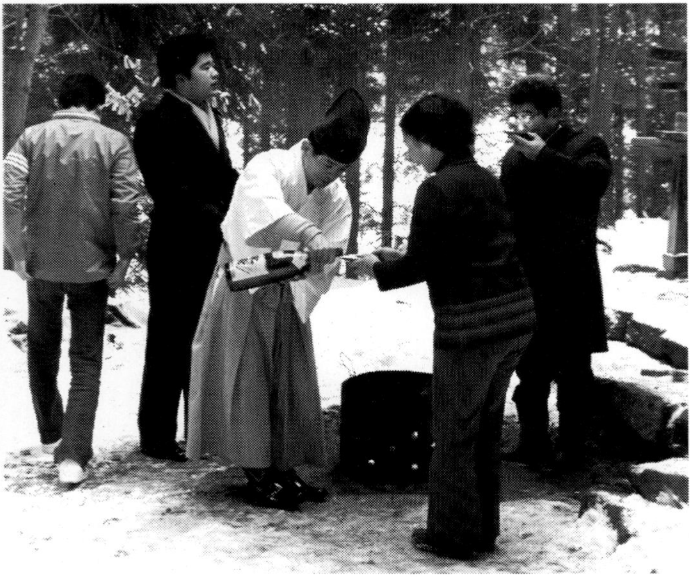

神主を太夫様とよぶ　参拝のあとに御神酒を受ける　　昭和55年

五本杉　拝殿の裏には樹齢400年近い熊野杉がある　昭和55年

1月13日　米の粉を木鉢でねる

2日の初山入りで切った水木の芽取り

親子で団子を作る 互いに細工物を批評しながらの造作　　昭和55年

団子刺し

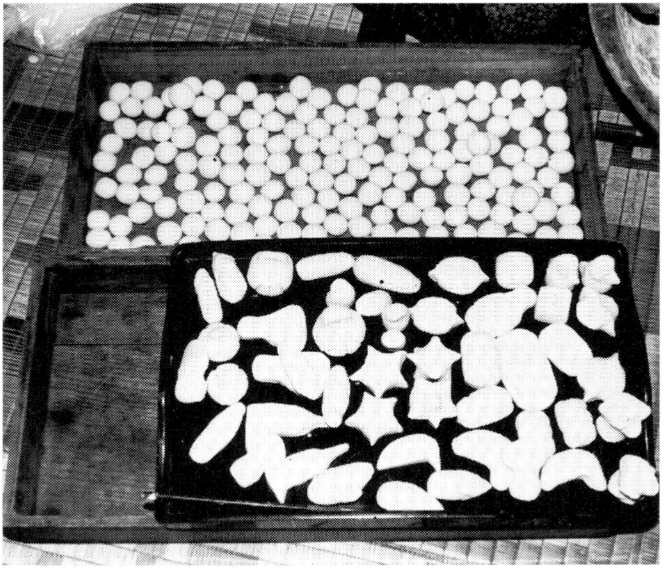

丸い団子のほかに 鶴 亀 俵 小判 などの細工物を作る　昭和55年

団子の湯でつちんぼうのお通り

1月14日　団子をゆでて若木に刺す

注連縄が映え　団子の花が咲く　伝承された美意識といえる　　昭和55年

 何代にもわたって焚かれた囲炉裏の火の煤で　家の中は真っ黒になっている

1月14日 **塞の神** 子供が燃やす草を集め 青年が木をその年の恵方へ切り出す

塞の神の行事を復活させた下組の青年と子供たち　　昭和55年1月15日

村の消防団幹部が見守る中で　塞の神の柱に火がつけられる　　昭和55年

塞の神

塞の神の火で焼いた餅や団子は　腹病みや風邪を防ぐという

3月3日 三月の節句(お雛さま)神棚の白紙は喪があけていないため　昭和55年

節句

5月5日 五月の節句には笹餅を作る　昭和55年

山の神講　もとは2月と10月の12日に回り宿でおこなわれた

講

青年の春会議として3月下旬に公民館で開かれる　昭和61年3月15日

4月17日　観音講　子安観音堂でひらかれ　婦人会の総会となる　　昭和44年

毎月17日　下組と上組に分かれ　回り宿で女たちの観音講がおこなわれる

念仏講　敬老の日に 区長や組長のねぎらいを受ける　昭和44年

半夏祭

7月1日 **おこもり** 青年によって祭の役が決められる　昭和45年

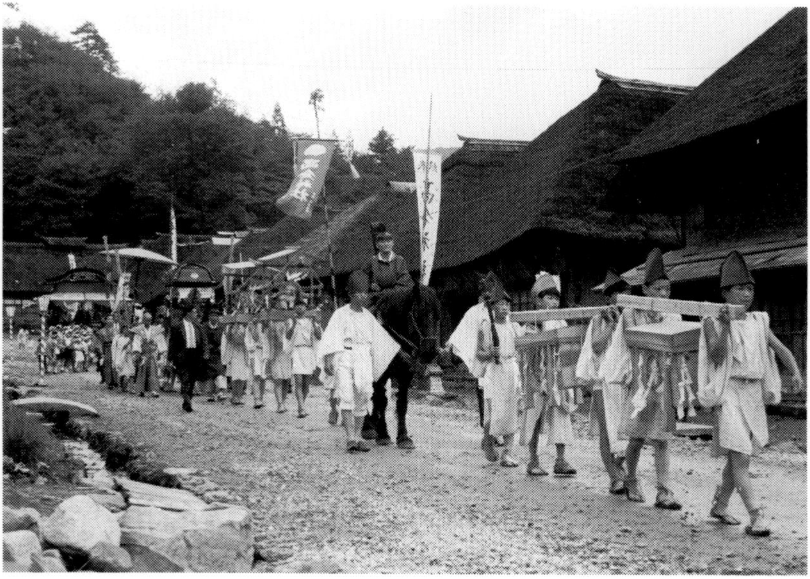

7月2日　明治中頃までは 旧暦5月19日の高倉大明神祭だった　昭和44年

祭の日には縁側の戸が開かれ 親類とともに行列の神輿を拝す　昭和44年

村の外の寺の和尚が盆の供養をする

8月14日　門火　　昭和55年

正法寺(浄土宗)の墓地　最古の墓は寛文10年(1670)である　　昭和63年

盆花やそうめんなどを供えて墓参り　村では土葬が続いてきた　昭和55年

盆

8月15日　修養会によって櫓が組まれる　昭和44年

盆踊り　一周するごとに茶碗酒がふるまわれる　昭和55年

太鼓は若者が交替で打つ

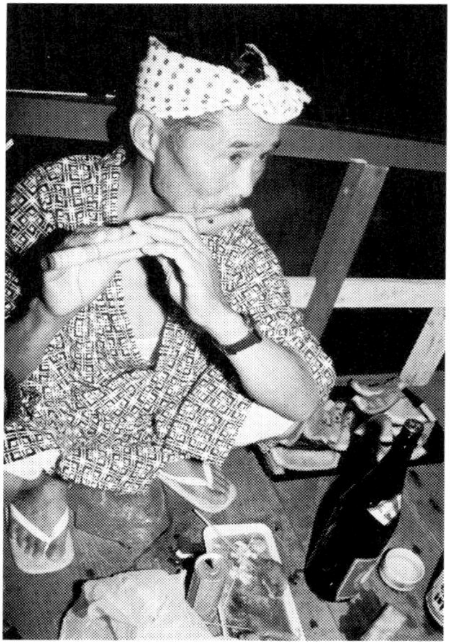

仕事のあい間に習った笛　　昭和55年

盆踊り

八月晦日の無風祈願の仮装踊りが盆と一緒になった　　昭和55年

馬つくらい　馬がいなくなってからの一時期は牛つくらいをした　　昭和45年

11月14日 大師講　大師様はびっことい われ 杖も供えられる　　昭和55年

幣束をとりかえる

12月15日　煤掃き　昭和54年

正月準備

12月30日　太夫様の幣束切り　昭和54年

注連縄飾り

塩水を用意して縄をなう　　昭和54年

切り餅　九餅はつくものでないとされて29日の餅つきはしない　　昭和54年

歳神様と供え物　歳徳神の掛け軸を下げる家もある　昭和54年

神棚飾り

門松　山から松を切って家の入口に立てる　昭和44年

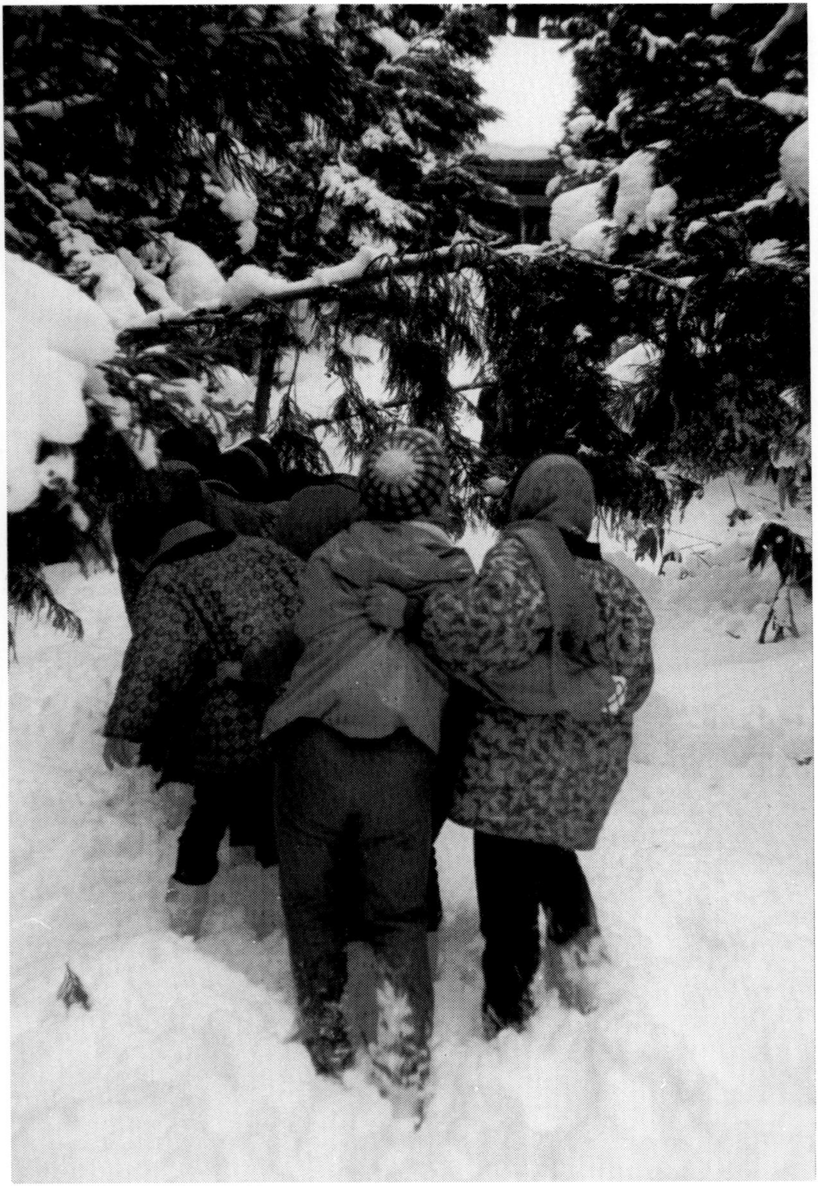

雪踏み　元旦の早朝　子供たち役で新年が始まった　　昭和45年1月1日

参考資料

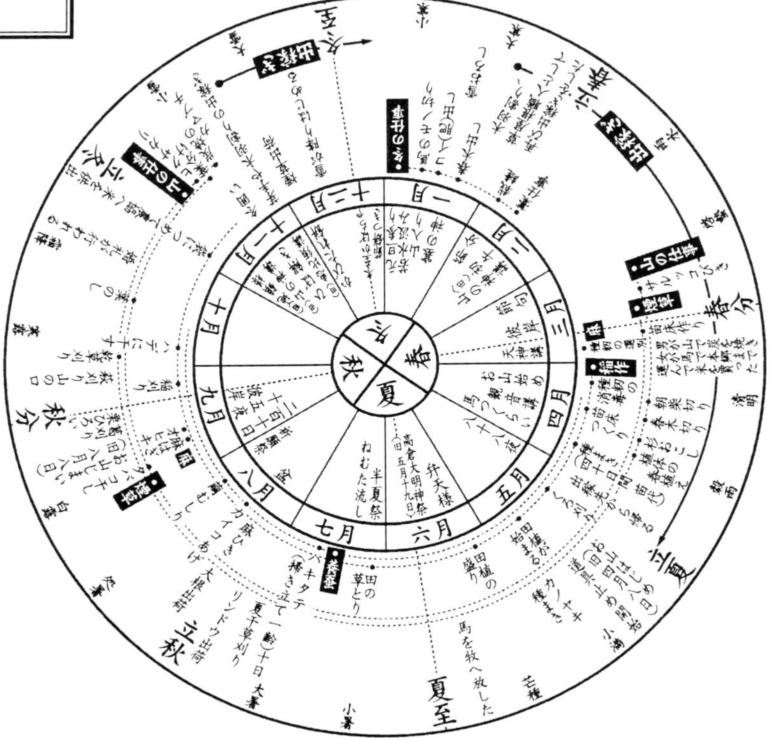

一年の行事と生産暦

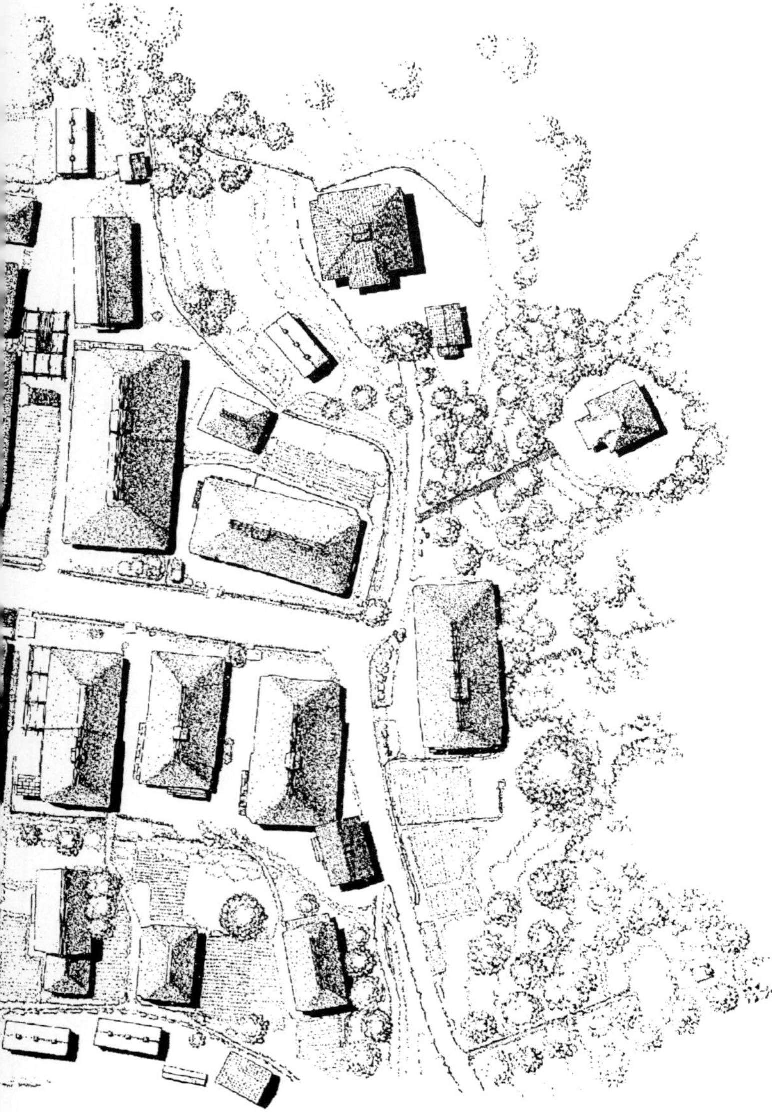

大内・宿場屋根伏図

昭和四四年　武蔵野美術大学建築学科実測

屋根伏図

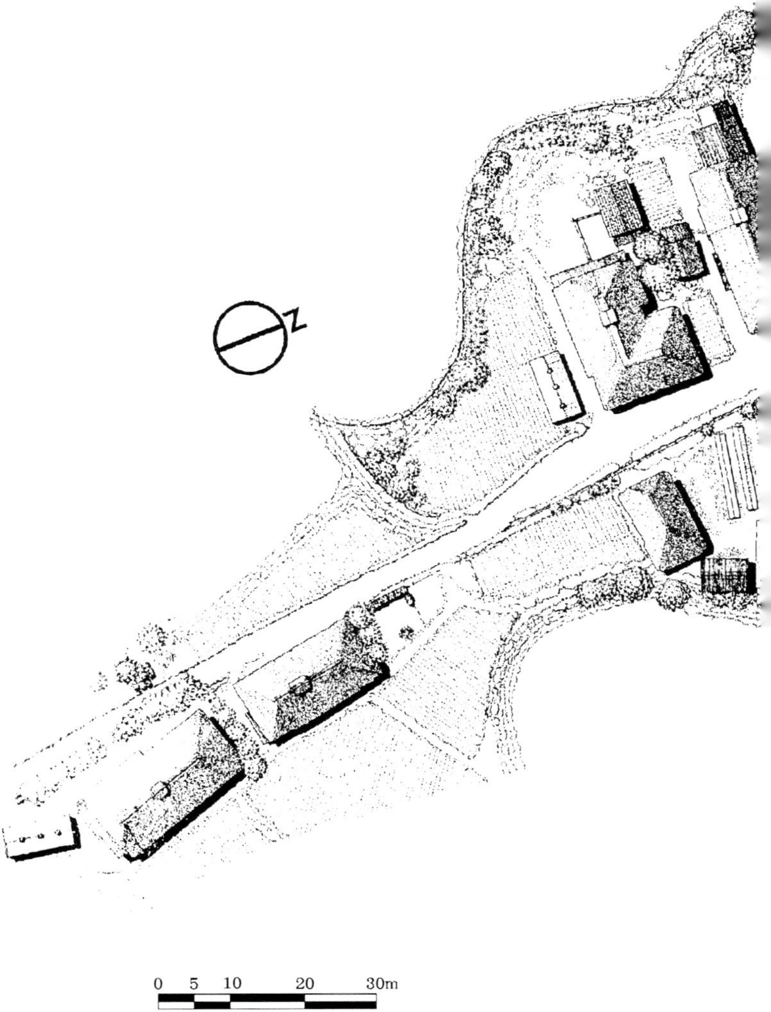
N
0 5 10 20 30m

撮影後記

使用した撮影機材は別記の通りである。

手放した機器がほとんどで、正確さに欠けるが、?印以外は確かである。学生時代のことゆえ、アルバイトの末、やっと中古の一眼レフを入手した夜は、眠れなかった記憶がよみがえる。

プロの写真家の手ほどきを受ける機会があって、ブローニ判フィルムを併用して歩くことを考えた。手にしたのは小西六カメラの「Ｐｅａｒｌ（パール）」だった。これも中古品、うる覚えだが、Occupied Japan（占領下の日本）とあった。戦後まもなく製造された蛇腹式カメラだった。蛇腹に穴が空いていることに気づき、ビニールテープで補修して使った。ピントが甘いのが欠点だったが、村を歩いてカメラを向けても、「そんなカメラでも写るのか」と笑顔で冷やかされた。そんなカメラだけに、写される人の警戒心を解いてくれた。おもわぬ効用を知り、必ず持ち歩いた。現在は知人から譲られた、新品同様の「パールⅣ」を使っている。

表紙の写真は、本体にアサヒペンタックスＳＶを用いた。レンズは友人から借りた28ミリレンズである。その友も故人になってしまった。当時、写真を撮っていた親友は三人いたが、いずれも他界している。改めて冥福を祈りたい。私も一時期、写真家を志望したこともあるが、病を友にした経験がそれを断念させた。続けていたら冥界を追ったに相違ない。

撮影後記

表紙と三五頁に写っている車は、ドイツのＶＷ（フォルクスワーゲン）タイプ３である。撮影してから二〇年近くは国産車だと思っていた。当時の村に外車を乗る人はいなかったからだ。一九八〇年に、パールⅣを譲ってくれた知人から同型の車種もいただき、不相応な車に乗ることになる。修理の際に、技術者から後姿の細かい特徴を指摘され、写っているのは間違いなくＶＷであると断言されて、ぞっとした。未来を写した心霊写真か、と考えたからである。写った車の持ち主は近くの町の医者で、診療に来た時のものとわかるまでに数年かかった。

今回、写真を整理していて、車の前面が写っていることに気づき、さらに驚愕した。今まで三五頁の後姿しか知らなかったからである。白黒のベタ焼に写る電柱の影から推量して、三〇分ぐらいは、火の見にいたことになる。車が方向転換したことに気づかなかったのだ。

この間に自分の人生も転換したことを考えると、自分の入った映像を表紙に使いたくなる思いを押さえられなかった。

はしがきにも書いたが、三〇年以上も発表を控えてきた写真の宿命として、カラーには退色と黴の問題が出た。コンピューターでの色補正では満足せず、悩んだ末、拡大して複写をし、その際に色補正をしてもらった。

今回は黴に侵食された画像を使用しなかったが、黴も私に連れ添った生き物、別な機会に登場させようと考えている。

使用機材

●カメラ
アサヒペンタックス（S2・SV・SP）
パール（Pearl） Hexar 75mm（60×45mm）
不明ジャバラ機（60×60mm）
マミヤ2眼レフ 70mm？（60×60mm）

●レンズ（いずれも35mmカメラ用）
タクマーレンズ
28mm（F3.5）・35mm（F3.5）・55mm（F2）
コムラーレンズ
35mm（F2.5？）・135mm（F3.5）

●カラーフィルム
35mmフィルム
Ektachrome X（デイライトフィルム ASA64）
PROCESS E-4
Kodachrome X（デイライトフィルム ASA64）
PROCESS K-12
60×60 60×45mmフィルム
Ektachrome X（デイライトフィルム ASA64）
PROCESS E-4

●白黒フィルム（35mm）
FUJI FILM SS（ASA100）
NEOPAN SS（ASA100）
Kodak Tri-X pan（ASA400）

●現像所
Sakata Color Lab
コダックシグマ
スポット商会

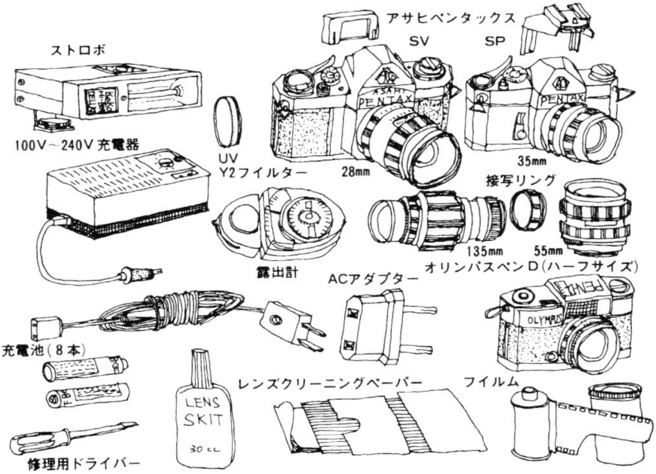
アサヒペンタックス
SV
SP
ストロボ
100V～240V 充電器
UV
Y2フィルター
28mm
35mm
接写リング
135mm
55mm
オリンパスペンD(ハーフサイズ)
露出計
ACアダプター
充電池(8本)
LENS
SKIT
30cc
レンズクリーニングペーパー
フイルム
修理用ドライバー
ASAHI
PENTAX
OLYMPUS

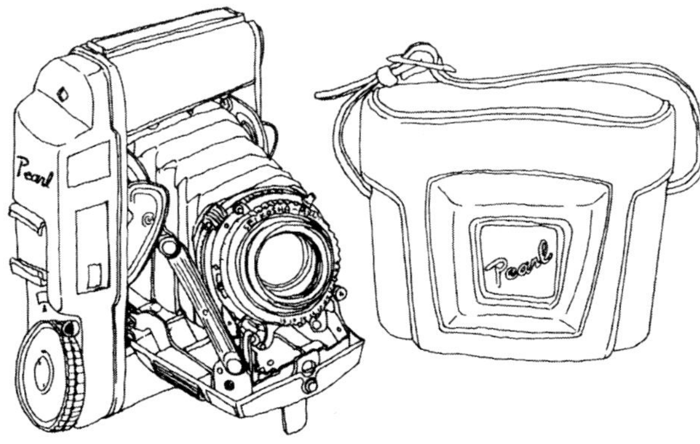
Pearl
Pearl

フィルム現像携帯機材

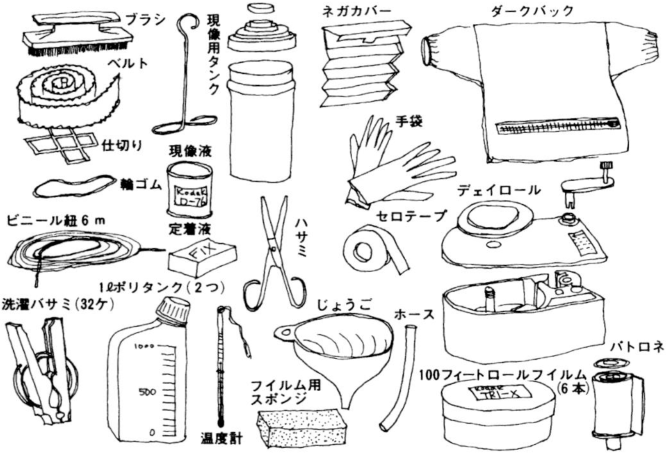

【初出へ追記】

合巻にあたって、使用機材の補足をしておきたい。『瞬間の遺産一』での写真機材は、昭和三十九年（一九六四）から昭和五十年（一九七五）まで使用していたものだった。

一九七四年に病を得て、機材の軽量化を計らねばならなくなった。この頃からカメラ史に興味を持ったが、使ってみたいレンズは、高嶺の花であきらめるしかなかった。

一九八八年、不幸にも妻が難病となり、介助の生活余儀なく、毎夜三十分ほどカメラ史の本や雑誌を読み続けた。旅に出られない事情から、使ってみたいと思っていた中古レンズを少しずつ入手し始めた。

次頁に少年時代から、今日に至るまでの使用カメラとレンズの変遷をあげたい。

【使用カメラとレンズの変遷】

一九五六年

小西六製コニレット

(Konilette) 50mm/F4.5

一九五九年〜

リコー製

RICOH300　45mm/f2.8

一九六四年〜

旭光学 ASAHI PENTAX

S２　50mm/f2

コムラー 35mm/f2.5

コムラー 135mm/f3.5

一九六八年〜

小西六（占領下）製

Ｐｅａｒｌ 75mm/f4.5

一九七〇年〜

旭光学 ASAHI PENTAX

ＳＰ

Takumar 50mm/f2

Takumar 35mm/f2.5

Takumar 28mm/f3.5

オリンパス製　OLYMPUS

PEN　D　30mm/f1.9

一九七六年〜

OLYMPUS　PEN　FT

Ziko　25　38　100 mm

一九八二年〜

旭光学・ASAHI PENTAX

K2DMD　　K2

Takumar　28 〜 50mm/f3.5

Takumar　35 〜 70mm/f3.5

二〇〇〇年〜

コニカ製・HEXAR　RF

SUMMICRON　35mm

RUSSAR　20mm/f5.6

ORION　28mm

HEXAR　28mm/2.8

Carl Zeis Jena DDR

FLEKTOGON 20mm/f2.8 (SP 用)

二〇〇二年〜

京セラ製・CONTAX G2

Hologon 16mm/f8

Biogon　21mm/f2.8　28mm/f2.8

二〇〇五年

VERIWIDE100

Super Angulon 47mm/f8

【デジタルカメラ】

二〇〇一年〜

Kodak　DC4800　28 〜 84mm

二〇〇六年から

EPSON RD1

HEXARNON　35/21mm

二〇〇七年

LICA M8

Biogon 24mm/f2.8

オリンパス製　OLYMPUS

Camedia　C4100 6.5~19.5mm f2.8

OLYMPUS　PEN　14 〜 42mm f3.5

Canon　EOS　5D

Canon Zoom 28~80mm f3.5~5.6

大内の写真記録

瞬間の遺産 二

相沢韶男著

ゆいデク叢書

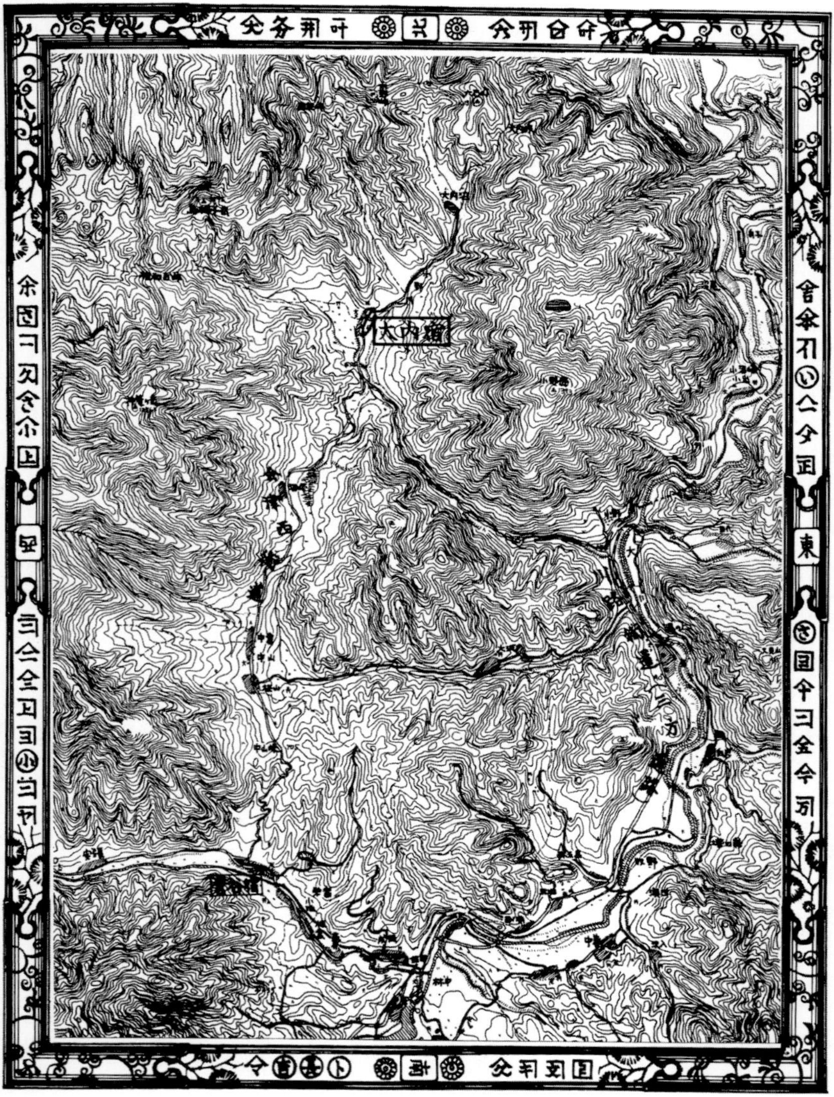
大内宿
東

はしがき （『瞬間の遺産二』 大地で生きる）

大地を「おほち」と読んでもらえぬものだろうか、迷いながら表題にした。
今風に読めば「おおち」または「だいち」だが、明治十七年に大内に生まれ、東京帝国大学で教育を受け、機械工学を学んだ者が、戦時中に中国で戦車の設計製造をし、戦後、中国での長い抑留生活を終え、昭和二十八年に帰国して、村に残っていた古文書を解読する中、晩年に書いた書物『先人たちの大内記録一（長沼豊丸覚書）』で、「大内」を「おほち」と読んでいる。大内を正確に旧来の読みで発音するには「おほち」が適しているように思える。

私が村の草屋根保存を訴え始めたころ、下郷町の郷土史家の大塚実さんから「おおうち」ではなく「おおち」だ、と指摘されたことがある。以来、この村の呼び名として「おおち」が気になり、考え続けてきた。

『伊達治家記録二』（宝文堂発行）を見ると、大地に陣をおいた時の記録がある。天正十八年四月十一日と十五日の二箇所の記述に、大内ではなく「大地」という地名が用いられている。秀吉の召集を受けていた伊達政宗が、毒殺されかかって、弟を殺害した八日後に、黒川（若松）から関東を経て、小田原参陣のために馳せ参じようと、大内に出馬した時の記録である。

また、幕末ではあるが、伊能忠敬の地図にも「大地」と記されている。単に誤字の偶然の重なりとは思えないのだ。江戸時代の旅人が用いた「道中案内」を参考にした可能性もある。

大内の村人が残し伝えた「高倉以仁王伝説」では、治承四年（一一八〇）に、山本村を大内という名に改めたとなっている。これは宮の住んだ京の大内裏を意識した名といえる。しかし鎌倉時代の直前に大内と改めたとは考えにくい。

江戸時代のほとんどの古文書では「大内」となっているから、定着していたものまで異をとなえる気はない。が、先人たちは、久しくこの村の名を「おほち」とよんでいたことは確かなのだ。同じ発音の大地《おほち》が、江戸時代に入ってから大内《おほち》に変化したのではあるまいか、と推理している。

見せていただいた村の生活の様子を、私は写真に記録してきたわけだが、その映像を整理し、本書のためにまとめてみると、明治以降の激しい経済変動の中で、この地の土に生きた人々が、与えられた自然に、適応と挑戦を繰り返し、身を粉にしながら、重労働に耐え、一日一日の明かし暮らしを、助け合いながら生きてきたことに気づかされるからである。

本書の表題を『大地《おほち》で生きる』としたのは、画像に写る先人たちに、敬意を表す気持ちからである。

平成二十八年九月九日　　大田区雑色にて　　相沢韶男

瞬間の遺産　二　目次

大《おほ》地《ち》で生きる

縄文晩期の土器片

昭和 46 年 11 月 23 日

土器

上の土器片は、大内の佐藤寛さん（松川屋）が、畑仕事の時に採取した縄文晩期のもの。

日本列島の南北二千キロにわたって、一万年以上もの間、縄の文様をなぜつけ続けたのか。古代の人たちは縄に神が宿るものと考えたのではあるまいか。

縄の発明によって一人ではできないことが可能となつた、大勢の力を、一本の長い縄に集中することで成し遂げられる。

細い糸は布となり、人の命を寒さから守る。太古からの縄への思いの一つとして、しめ縄は、神の宿る象徴の場として、今の生活に生き続けている。

栃の実のシブ抜き　昭和 54 年 12 月 25 日

栃のシブぬき

山で採取する栃の実は、手を加えないと食べられない。水にさらし、灰汁《アク》につけて、シブをとり去り糧《かて》とした。現在も栃餅として作られている。

栗

集落周辺には栗の木を絶やさないよう維持した栗林がある。昭和四十年代まで採取の基本が維持されてきた。栗の実は、焼く煮る蒸すことで、簡単に食べられる糧であり、幹は柱や土台などの建材になった。栗は食べられる建材といってよい。

かち栗として、若松や関東に持ち出し売った。換金できる樹木は、山の恵みといえた。

神社参道のうがい場　昭和47年7月1日

水

人が生きるには、まず水の確保が必要。現在ある用水は宿場形成期の治水工事で、鎮守の高倉神社のうがい場を経て、村の上の北端に導かれ、宿場の下まで上水道として、また消火にも使われてきた。

村の憲法ともいえる『区会決議帳』(大正二年)には、「飲用水ノ儀ハ貴重ナルニヨリ、春秋二期毎戸壮健者一人宛出頭致シ修繕方相勤メ可申候事」とある。

宿場以前の人々は、清水を用いたと考えられる。

南仙院清水　　　　昭和44年8月

鎮守から導かれた上水。村の上から下に流れる。右中は柴。昭和 42 年 9 月 28 日

火と薪

同じ長さに切り揃え、割って軒下に積む。　　昭和 45 年 10 月 25 日

クサビを打ち薪を割る　　昭和 44 年 11 月

家の近くまで運んだ柴と薪　昭和 44 年 8 月 17 日

薪は山で干し、雪を利用して運ぶ。火までに２年かかる。　昭和 44 年 10 月。

背には柴。村人は空荷では動かない。　昭和 47 年 6 月 2 日

木の実採取

栗は太古から大切な食糧。栗林は山だが家に近い　昭和 44 年 10 月。

乾燥した栃の実は、長期保存食となった。　昭和 44 年 10 月 2 日

キノコ採り。太古からの採取生活はこれからも続く　昭和45年10月26日

採取は今も基本

採取生活というと、工業化の生き方に毒された者は、時代遅れ、と考えてしまいがちだが、過去から受け継いできた採取の行為は、現在も、今後も、大切な生き方として続けなければ、人は生命の活動を維持できない。

金属も石油もウランも、工業化の今を支える素材とエネルギーの原資は、地球からの採取である。我々の生活は、地球の資源をいただくことによって支えられている。地球の恵みによつて生かされてきたことを忘れてはならないのではあるまいか。

大内の人たちの生活から、教えられることは、大地から与えられた恵みを、取り尽くすことのないように配慮されてきたことにある。

採取生活では、夏の糧《かて》の不足が問題となる。カノヤキ（焼き畑）農業は、夏の食糧不足を補うために始めたのではないかと推理している。

春の山菜

村人足で工事された木の橋を渡る　　昭和 47 年 3 月 30 日

ふきのとう　　昭和 47 年 3 月 29 日

アサヅキ、ノビルを取るのに棒を使用。　昭和47年3月30日

春の山菜　左と下は陽が当たる所のアサズキ。右上はノビル。

雪の下のアサズキ　　　昭和 45 年 3 月 29 日

重さを計ったフキを、村の店は買い入れ、外に売る。　昭和 46 年 7 月 27 日

昭和 44 年 5 月 12 日

ゼンマイ干し

樹皮と草

シナ、ブドッカワなどの樹皮。縄や繊維となる　　昭和 44 年 8 月 25 日

蓑を編む時は、匠な工人である。技が形に表れる。　　昭和 44 年 10 月

屋根材のための茅場。田の草や馬の朝草など、草は農家に取って重要な資源。

馬のいる暮らし

厩肥えは田畑に運ぶ　昭和 44 年 10 月

厩は家の奥で、隣家との間は、馬が荷を運べる寸法である。　昭和 44 年 10 月

一本だった用水を、明治になって二本に分けたのは馬車を通すためだった。

明治時代になって道路改修があった。　昭和 44 年 10 月

村の北はずれにある庚申塔(かのえさま)の下を馬が通う。

峠が雪で通えなくと、馬足が止まるといった。女たちは内心ほっとした。

男が焼いた炭をカマスに入れ、馬で本郷まで運ぶのは女たちの仕事であった。

宿駅時代に荷を運んだ馬は、ひとまわり小さかった。　昭和 44 年 10 月

早朝、山仕事にむかう人馬

山仕事

青年の植林事業が盛んになった。　昭和 44 年 10 月

材木の搬出をするようになったのは、明治になって官民有区分が行われてから。

蕎麦うち

カノ《焼畑》の糧《かて》

大内で生まれ育った長沼豊丸が幼少の明治三十年頃、同級生が習字練習に使った古文書を発見した。そこに江戸時代の食糧の記載がある。

穀物や畑作物として
早稲吉、大豆、小豆、粟、稗、蕎麦、麻、菜、大根、芋、牛蒡

野糧《カテ》として
蒜《ノビル》、芹《セリ》、蕗《フキ》、薢《トコロ》「やまのいも科」、薊《アザミ》、有薇《ゼンマイ》、草解《トコロ》
と書かれてある。

『先人たちの大内記録一（豊丸覚書）』四十七頁参照

のし板

蕎麦切り包丁　　昭和45年10月27日

稲以前は渡来の作物をカノ（焼き畑）で作った。奥は煙草干し。昭和 44 年 10 月

蕎麦干し。標高の高い南会津地方の稲作は、室町時代頃かららしい。

納豆ねせ　煮た大豆を藁つとで包みコタツに入れてねかせる。昭和 52 年 12 月

大豆の加工

カノと呼ばれる焼き畑耕作は、古くから伝承された農法で、蕎麦、粟、稗などとともに、大豆や小豆も栽培され、重要な食糧になってきた。

春になると、この地方では家の外にかまどを設け大豆を煮る光景が多く見られた。

大豆は納豆のほか味噌、豆腐に加工され、味噌は塩とともに調味料、豆腐はタンパク源として生命を支えてきた。

はがま　　昭和47年5月7日

べろばち。石臼をのせて煮た大豆をドロドロにしてニガリを加え豆腐にする。

大豆は豆腐や納豆に加工した。作り方も渡来か？中国雲南省とは少し違う。

小豆も大豆も、粟やキビや牛蒡も渡来作物。稗だけは在来種という説がある。

炭焼き

貞享二年 (1685)『地下風俗覚書』に、「十四年以前より炭焼き申候」とある。

焼夫が病気で倒れ、放置された炭焼き小屋　　昭和 44 年 10 月

炭を出す窯の口、屋根掛けした場所の下で土砂をかけ冷やす。

放置されたため窯の上部には穴　昭和 44 年 10 月

稲作

大正期に開墾無尽で畑や山林を田にする努力がされた。 昭和 47 年 5 月

元禄４年の水田面積は１町３反８畝４歩ほどで、幕末から開田がおこなわれる。

馬から耕耘機に変わったったのは 昭和 35 年頃。

昭和 47 年 6 月 1 日

クロヌリ

昭和 47 年 6 月 2 日

エンブリで田をたいらにする　昭和 47 年 6 月 1 日

ジョウバンカキで苗を植える位置を書く　昭和 47 年 6 月 1 日

第二次世界大戦後、ブルドーザーを使って開いた田は方形　　昭和 47 年 6 月

江戸時代の田、さらに大正時代に人力で開墾した田は小さく形も丸い。

蛇行する下の水路は、ミズヌルメである。　　昭和 47 年 6 月 1 日

江戸時代からの田畑の面積推移（大内）

元禄四年（一六九一）　田　一町三反八畝四歩
　　　　　　　　　　　畑　七十町八反九畝十歩
文化七年（一八一〇）　田　一町三反八畝二十四歩
　　　　　　　　　　　畑　七十一町二十五歩
安政二年（一八五五）　田　七町四畝二十五歩
　　　　　　　　　　　畑　六十五町三反四畝二四歩
明治十二年（一八七九）　田　十一町一反八畝十五歩

大正時代に入って開墾無尽で、畑や原野を水田にした。昭和十六年から二十二年頃まで、開墾無尽は一時中断。

昭和四十四年（一九六九）田　二十六町一反五畝
　　　　　　　　　　　　畑　二十町七反八畝

昭和五十二年（一九七七）　揚水式発電ダム建設の補償として圃場整備が行われた。

伝承の衣服にこだわる昔の早乙女　　昭和47年6月1日

チュウハン休み　　昭和 47 年 6 月 3 日

サナブリ　神棚に苗を供えユイの手伝いの人をねぎらう。昭和 47 年 6 月 2 日

除草　昭和 45 年 6 月

稲刈り

昭和 44 年 10 月

稲刈り

昭和 44 年 10 月

稲こき(脱穀)

養蚕

昭和44年8月21日

草屋根の母屋の中に棚を作り、蚕を飼う。寝る場所もないほどだった。

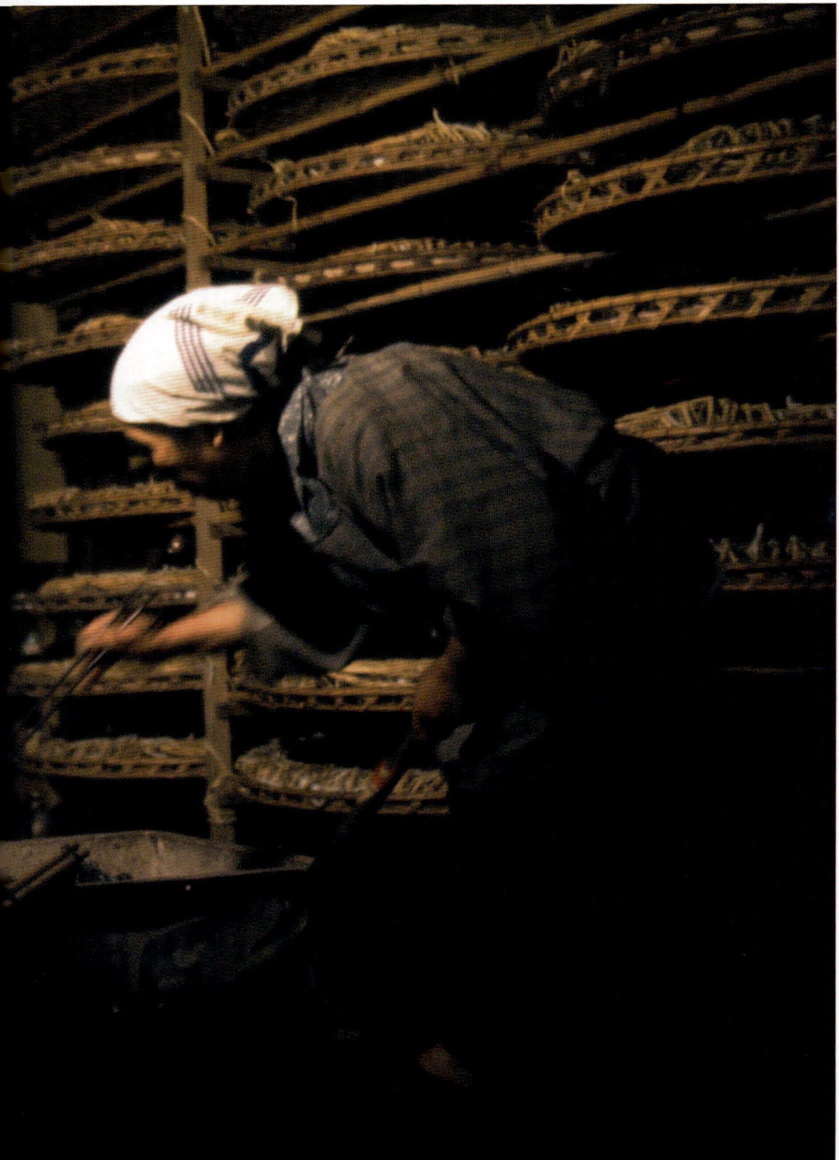

明治経済の柱だった養蚕は、草屋根の中で支えられた。 昭和 44 年 8 月 21 日

夏とはいえ高冷地で冷える日もある。炭火で暖をとり、蚕さまを守る。

雪が消えると桑の枝を切り新芽を出し、夏の蚕に備える。昭和 47 年 3 月 30 日

桑の葉を取り、蚕に与える。　昭和45年8月11日

稚蚕の時は、桑の葉の量も少ないので、山桑を運ぶ。　　昭和 44 年 8 月 4 日

誰が考えたのか藁のオリマブシ。以前はビンカカズという細枝を用いた。

不要の養蚕かごは、雨と日差しを防ぐために転用された。昭和44月8月13日

蚕が改良されて強くなり、家の外の土間で飼うことが出来るようになった。

蚕の体が透き通ってくると糸をはく。マブシに移しす。　昭和 44 月 8 月 13 日

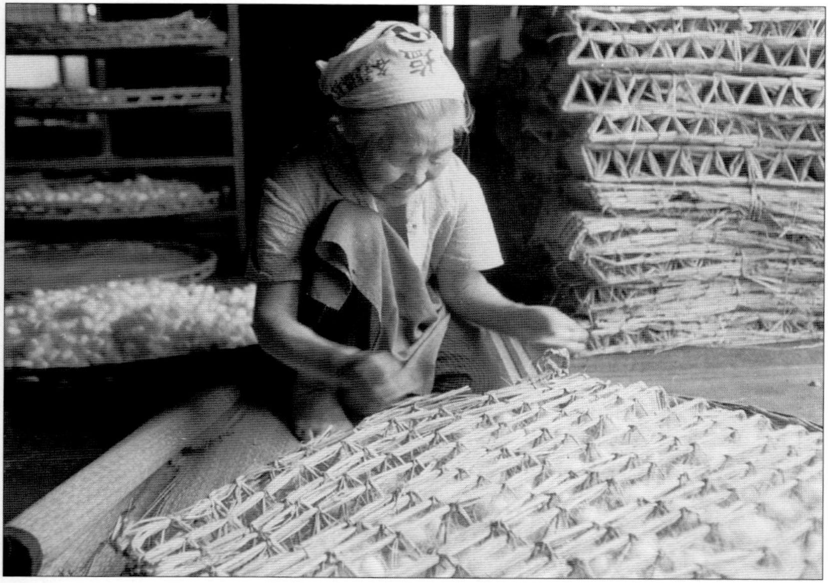

養蚕は長いあいだ女の稼ぎとなっていた。　昭和 44 年 8 月 21 日

糸をはき繭を作る。繭むしり、ケバとりをして出荷。　　昭和 44 年 8 月 21 日

まぶしが回転型に改良された頃、大内での養蚕農家は激減した。昭和 45 年 8 月

煙草畑のウネの土寄せ　　昭和 45 年 6 月

畑作・煙草

煙草の消毒　昭和 45 年 6 月

煙草畑から家へ葉を運び縄に結束　昭和 45 年 8 月

煙草の前は、大正時代まで麻を作り道に干した。人がやっと通れるほどだった。

煙草の葉を地干しする。品種は松川葉。　昭和 42 年 9 月

家の前の間伐材の丸太組は稲ハデ、稲刈りの時期と重なる　　昭和 42 年 9 月

二人で陽の当たる地干しの場所へ煙草の葉を移動した

夫婦一組での作業は変わらない　　昭和 45 年 8 月

畑から運んだ煙草の葉は、地干しから軒や杭を立てて、吊るして干すようになった

煙草の葉の冬の選別作業。　昭和 44 年 10 月

煙草の葉の栽培は労働がきついが、反当りの収入も多く、一年を通して行える。

大根

農業に向かない高冷地をほめていることになるからだ。　昭和 45 年 6 月

大根の消毒剤散布。　お茶うけの菜大根の味はほめるものでない、と諭された。

昭和 45 年 8 月 11 日

家族総出の大根洗い。盆がすむと再び忙しくなる。

大根の共同出荷　　昭和 45 年 8 月 12 日

インゲン

インゲン畑　昭和45年6月

イチゴ

大内でイチゴが栽培されたのは短い期間であったが甘く美味しかった。

背に荷を負うには、縄の使い方に工夫がいる。　昭和 45 年 6 月

イチゴを家に運ぶ。前を行くのは息子。　昭和 45 年 6 月

イチゴの共同出荷　　昭和45年6月

リンドウの出荷　昭和56年8月20日

リンドウ栽培

大内の畑作物と生業の推移

江戸時代以前からカノヤキ（焼き畑）による穀物栽培を行ない、宿場稼ぎをするようになっても、古くから引き継いだ畑作物に加えて、換金作物としての麻の栽培、養蚕などが行われ、炭焼きも始められた。

江戸時代は、宿駅として伝馬の役を担ったので、馬を飼い、馬を放し飼いする牧を持たねばならなかった。

明治十七年、三方道路開通によって、馬の背による荷運びの稼ぎを失い、木羽割り、草屋根職人として関東へ稼ぎに出た。米不足の時代には、男が焼いた炭を、「里歩き」と称して、女が本郷へ馬に積んで引いた。

大正時代には開墾無尽で田を広げ、米の自給を目指す一方で、麻、煙草、養蚕などの換金作物を作った。

第二次世界大戦後、村は電気を入れた。日本の高度経済成長の中、子供たちは「金の卵」として集団就職、男親たちは家電や農機具など工業製品の必要から、都市部へ土木建設業の担い手として稼ぎに出た。

煙草、養蚕、大根、インゲン、リンドウなど、昭和五十年代前半まで次々と耕作されてきた作物である。

キノコ栽培

近くの山林の日陰に、ナメコの菌を植えたホダギを置き育つのを待つ

ナメコの選別　　昭和45年10月25日

山仕事に向かう装備　　昭和 44 年 10 月

男の山仕事

下草の刈り払い　　昭和45年6月

右装備の背中、手製の箸が差し込まれている。

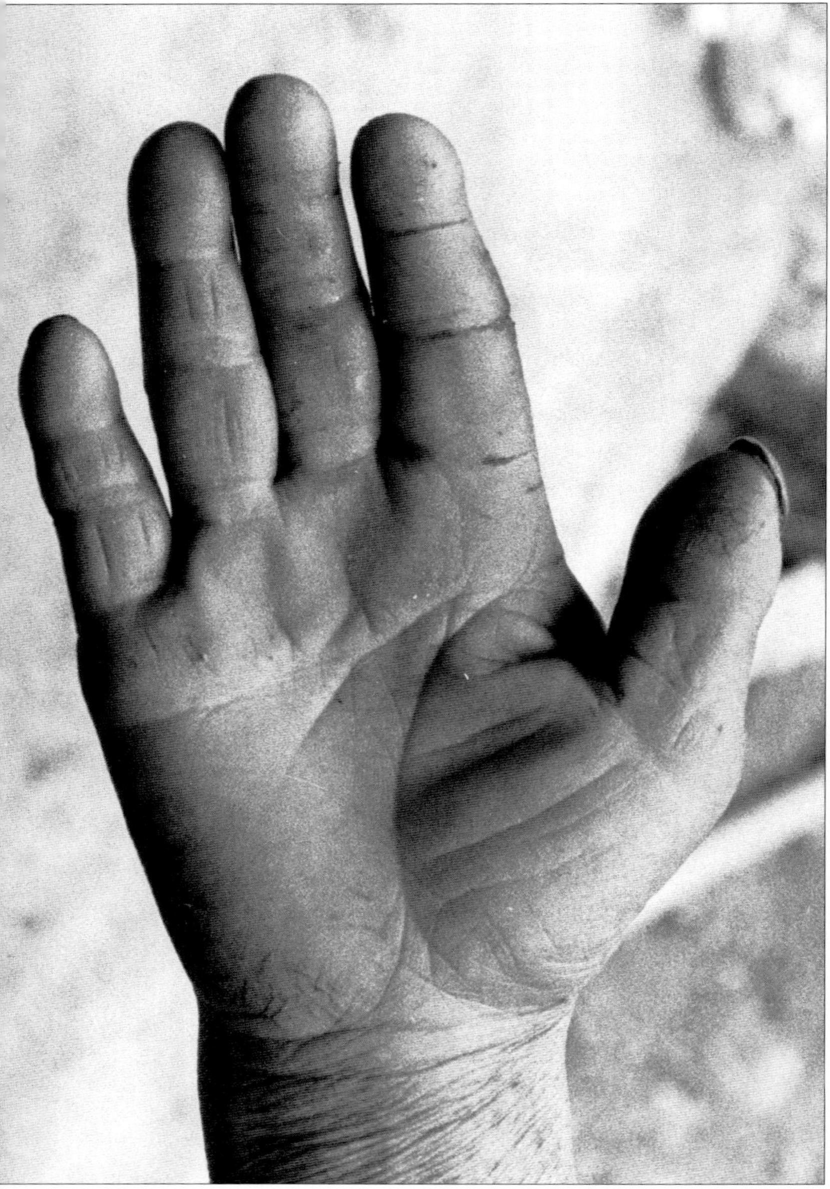

晴れた日も曇りの日も、土に生きた人生。　昭和47年6月3日

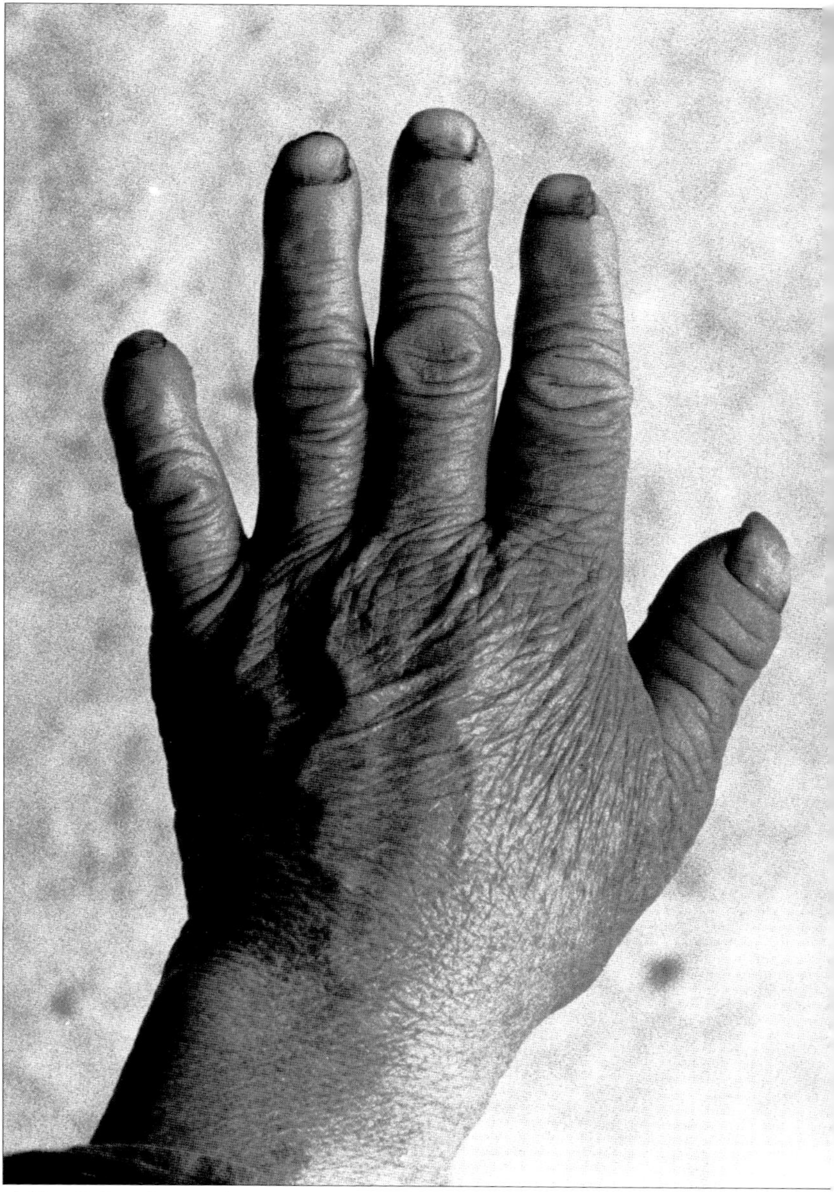

大地で生きた女の両手。

大地にダムが来た

揚水式発電用のダムが村にやって来た。　昭和 55 年 4 月 28 日

峠側からのダム工事現場 (中央が追分沼)　昭和 55 年 1 月 1 日

用水の石組がすべて取り替えられ、大地にきざまれた歴史がまた一つ失われた。

発電用ダムは防火には役立たず。国は防火用のダムと放水銃の予算を組んだ。

火には水

草屋根は火に弱い。江戸時代に宿場として計画された駅の多くは、道の中央に用水が設けられ、火災の時には大きなはたらきをした。村人もまずは火元にかけつけ消火にあたった。

しかし揚水式発電のダムに、消火の役はない。伝統的建造物群保存地区の選定をした国の側も、防火と消火には気をもんでいたが、ついに見かねて、全国の伝健地区の三年分の予算を組んだ。大内の村人は、全国の納税者の協力に感謝しなければならない。

初めて放水銃試験をする日、村の男たちの多くがカメラをさげて、観音堂の脇へ見物に集まった。上の写真は、私が撮影する場所のないことを知り、うろたえている様子を見ての笑顔である。

（平成六年四月十七日）

撮影後記

カメラは過去を写さない。その時に見たものしか記録できないのだ。見たものに対して、瞬時に過去の残像を発見できれば、映像としての記録も出来るのだが、過去を想像し、何が現在に投影されているかを見極める力が私にはなかった。結果、本書の画像の集積となつた。

村の人に頼んで、過去の暮らしを再現し、写真におさめる考えもよぎったが、できなかった。文化財として村の保存を提案した者が、過去のくらしの再現を頼んだら、猛反発が予想されたし、過去に閉じ込める考えとして受け止められだけでなく、村をたたき出されていたに違いない。

カノ（焼き畑）、五月馬《さつきうま》、里歩き《さとある》、馬耕《ばこう》、牧結《まぎゆい》などは、聞いた話をもとに絵で表すしかない。

昭和四十四年七月二十日は、人類が月面着陸した日で、この時、村の古老から「月に行く時代に、なぜ草屋根保存をしなければならないのか」と詰問された。この問いに、私は力不足で何も答えられなかった。五十年も考え続けて、やっとその答えが見つけられた気がする。「大内の草屋根保存は、地球永住計画の出発点」とあの世で話したい。

世界の中には、戦争のための武器を製造し、他国に売りつけて利益を得る者がいる。戦争が最大の消費と考えているふしがある。大内で会津戊辰《ぼしん》戦争を調べて感じたことだが、今も死の商人の暗躍は続いている。武器に代わって、宇宙開発競争で浪費する方が戦争よりはまし、と火星移住や月面開発を私も考えてみた。しかし地球という星の生命体である人類は、たとえ移住できても、その星に地球環境を作らねば生きられない。火星に水はあるらしいが、酸素も食糧も作るしかない。そんな苦労をしてまで植民地主義を続けるなら、それぞれが生きている大地を大切にして、人間の消費が地球の再生産する量を超えないように生きることの方が賢いとさえ思うようになった。本書の題を『大地《おほち》で生きる』としたもう一つの理由である。

村の人が時代遅れとしていた生き方の中に、私は地球上の大地で「いかに生きるか」の具体例を見た。大内だけでなく、ひいては各地に生まれたそれぞれが、いかに生き、さらに広げて地球上のあらゆる民族が、末永く生きるにはどうすべきなのか、地球永住のための日本での基本的な生き様を、大内の暮らしから学んだといえる。これが地球永住計画を考え始める土台となった。その土地に生命を受け、生まれ育ち、大人になって、子や孫に何を継承し、何を捨て、何を残さねばならないのかを教わったのだと思う。

この写真集の最後に、ダム建設をあげた。村に造られたのは揚水《ようすい》式発電のダム。夜間の余剰電力を使って、下の大川から水を揚げ、電力の必要な昼間に水を落として発電する方式である。この余剰電力を作っていたのは、福島第一原子力発電所と無縁ではない。その原発が破壊された。原発事故を津波のせいにするのはたやすい。原子炉の上にあったタンクの冷却水は、電力不要のはず。それを日常的に使わなかったことが、今回の事故を招いたと私は考えている。ヨーロッパの国の多くが原子力発電から手を引く中で、日本は今後も原発に頼ろうとしている。

草屋根保存の訴えは、舗装道路中止が発端だったが、『原子力発電』（武谷三男著・岩波新書一九七六年刊）の影響で、ダムどころか原発まで反対する考えでもあった。ある時「月夜の晩ばかりではないぞ」と、村外の者に腹を刺すしぐさで脅された。以来、身の危険を感じ、原発の発言を控えた。原発反対が目的ではなかったから、私の顔写真も載せないように心がけた。
しかし今、移住は避難というかたちで、身近な問題となり、原発反対を叫んでも命がけではなくなった。やっと本音が書ける時代となったものの、原発事故は何も解決していない。私に残された時間で、命をかけての本作りも間に合わないのかもしれない。これが今の心境といえる。
しかも今の大内の暮らしの立て方には、問題が山積している。一つでも解決したい。
特に物産店街と化した宿場保存は批判が多い。私の近所でも大内へ行った人が少なくない。大内に荷を送るのに宅配便を利用するのだが、荷受の人が住所を見て「私、ここへ行ったことがある。しかし買う物がないのよね」と言う。かと思えば、「みょうがを洗っているのを見て、そのままでいいから、売ってちょうだい。美味しかった。」という評価もある。
大地《おほち》に造られた宿場は、道巾が広い。近年の賑わいは一種の「市」の様相となっている。この写真集に関連させての提案は、村の市として農産物を並べられないものだろうか、である。

平成二十八年九月二十七日（大内に通って五十年目の日）　大田区雑色《ぞうしき》にて　相沢韶男

大内の写真記録

瞬間の遺産　三

相沢韶男著

ゆいデク叢書

はしがき

大内が今日に過去の草屋根宿場の面影を残すに至った真の理由は何だったのか、この写真集を編んで改めて思うことがある。共に暮らした証《あかし》の一つが草屋根の維持だったのだ。

ひとくちに共に暮らすといっても、並大抵のことではない。日々の明《あ》かし暗《くら》しの中で、それを黙々と継承して来た村の人の姿に頭が下がる。

共に生きることは人類の永遠の課題ではなかろうか。近年の学校教育では、助け合いとか相互扶助と習うが、裏返せば迷惑の掛け合いだし、義理がともなう煩わしさがある。それを呑み込んで、自分の力を必要とする者に、持てるものを無償で出さねばならないのだ。

第二次大戦の敗戦後、自由と民主が叫ばれて以来、日本中で村が継承してきた最も大切なもの、共に生きることに自信を持てず、過去のくらしの立て方に煩わしさを感じて、村を出た若者は多い。いつの間にか草屋根の家に暮らすことに自信を失い、時代に取り残されているのではあるまいかと感ずるだけでなく、草屋根を貧乏の象徴とさえ言うようになった。私が草屋根に美しさの価値を見いだしたのはそういう時代だった。保存を訴え始めた時、心ないマスコミの一部が、貧しい家は草屋根、富める家はトタン屋根の電化生活、と全国に放映したことがあった。都会に出ていた大内出身の人から「俺たちの生まれた村は、好きで貧乏をさらしているわけではない」と苦情をいわれた。

以来、村の保存は停滞した。福島県下の歴史学や民俗学の研究者の人たちでさえ、ごく普通の村のどこに価値があるのか、と疑問を投げかけられた。美しいと感じた草屋根の集落の価値を、誰もが認める客観的な資料を私は作成しなければならないと考えた。まず村全体の実測図、次に四季の写真、そして過去の暮しを聞くことに時を費やした。村の価値を公に認めてもらうための「御墨付き」が欲しかったのだ。建築史や歴史学の専攻でない美術の世界からの提案であったから、まずは私にも出来る視覚でとらえた叩き台を作る必要を考えた。村を知る必要から暮しの変遷を聞き、その話から村のくらしをまとめようとした。

村は国の選定を受けて重要伝統的建造物群の保存地区になった。村が残していたのは草屋根の家並だけではなかった。草屋根を維持するには多くの人手がいる。手間を惜しまず、互いの問題として労働交換を行って来た。この労働交換を村では「結（ゆい）」と言う。これが共に暮らす根幹の仕組みであった。村人足も村の公共事業で、共に生きるには欠かせない役だった。

この冊子の写真を撮っていたころ、村の人は年収七桁農業を目指していた。現金収入が少なかったとはいえ、共に生きる暮しには、日々の張りとやりがいがあった。共に生きることが人類の永遠の課題とするなら、収入以外に、誰のために何を目的とした保存なのか、未来の子供たちのためにも考えねばならない時期にきている。

平成二十九年六月十三日　弁天様の日　　大田区雑色にて　　相沢韶男

瞬間の遺産　三

目次

共に暮らす

社総代会議

昭和四十五年七月十八日、大内に皇室の高松宮様が来られ、半夏祭りをご覧になることになった。

穀物神である天皇陛下の弟君が来られることに、村の年寄りたちは、いかにおもてなしをすべきか、戸惑いながらも嬉しさを隠せなかった。

村の半夏祭りは、七月二日の行事であるが、宮様の来られる十八日に、日延べをするになった。

しかし、ただ日延べをするだけでは、鎮守の高倉大明神に申しわけがないということになり、社総代が太夫（神官）の南仙院分家に集まり、本来の祭りの日に、村の中央の参道入口に「一の鳥居」を建てることになった。

社総代会議　　昭和 45 年 6 月

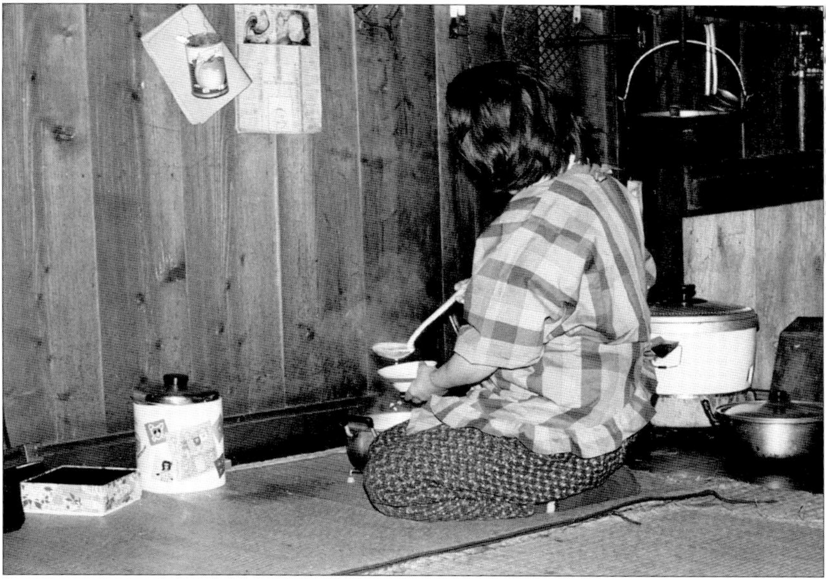

会議がすむまで、台所に控えていた若い嫁は、静かに手料理を作っていた。

鳥居立て

村の二人の大工の指示で、村人足が働く

一の鳥居の根本の穴掘り

昭和45年7月2日

力仕事は、若者の受け持ち。ここでも縄が重要な役割をしている。

塩をまいて清め、事故のないよう願う。　昭和 45 年 7 月 2 日

人足全員にお神酒が振る舞われる。女も謹んで神の力をいただいた。

昭和 45 年 7 月 2 日

まずは力自慢の男たちが、鳥居の笠木を持ち上げ、根本を穴にいれる。

老、女のか弱き力も一本の縄に集中させて引けば、重い鳥居も起き上がってくる。

力仕事は男の役割　　昭和 45 年 7 月 2 日

かけ声を合わせ、気を一にして事にあたる。

一人では叶わぬことも村中総出の力で、共に生きてきた。昭和 45 年 7 月 2 日

男たちが支えながら立ち上げ、女たちが引き起こす。

背後では、木材運搬のトラックが控え、エンジンをうならせていた。

男も女も村中の力を合わせることで大きな威力が生まれる。

共に生きることを連綿と続けさせた綱の霊力である。　昭和 45 年 7 月 2 日

村中総出の鳥居立て、縄文時代から継承された柱立てと見受けた。

昭和 45 年 7 月 2 日

成りゆきを見守る古老たち。

子供たちが座っているのは、村の掲示板。大人たちの様子をながめていた。

村に入って初めて全員の集合写真を撮らせてもらった。　昭和 45 年 7 月 2 日

高松宮様来村

到着された高松宮。村を歩かれ、出迎えを受けた。

記念撮影を見守る村人と見学者

昭和 45 年 7 月 18 日

子安観音堂へ上る階段の下に、樅の木の記念植樹。

高松宮様を中心に記念写真。

「高砂」と「四海波」を一対のものとしている。　　昭和 55 年 1 月 1 日

区の新年会は、宝生流「所は高砂の・・」の祝謡から始められる。

と区会決議帳で定められている。上水道ゆえの大切な水の憲法といえる。

飲用水の儀は貴重なるにより春秋二期毎戸壮健者一人宛出頭し修繕方相勤め可申

皆済勘定は３月末に行われる　　昭和 45 年 7 月 17 日

修養会（左）の報告を受ける青年会（右）

青年会が待ち揃いして下草刈り。　　昭和 44 年 7 月 13 日

鉄道が敷かれ、明治時代の後半から、青年の植林事業が盛んになった。

昭和44年7月13日

子供たちの待ち揃い。ふき取りに共に出かける。

村には茅手職人がおり隅を受け持つ。茅を運び上げる者を地走りと呼ぶ。

草屋根は維持に人手がかかる。いずれも自分のこととして結の手間を出し合う。

屋根の隅は素人では葺けない。地走りに茅の指示をして地面から上げさせる。

女たちは茅運びや片付けのほか、まかないがあり休めない。

昭和 44 年 7 月 12 日

屋根葺きを終えて、集まった職人や地走りたちは、仕上がりを無言で見ていた。

くれ祝言

蝶よ花よと育てた娘を嫁に出すのを「くれ祝言」という。

むかいけんざん。婿が迎えに来て、仲人の挨拶。　　昭和46年11月22日

仲人の挨拶のあと、花嫁は家を出て、鎮守の高倉神社に参る。

他村に嫁ぐ前に鎮守に詣で氏子としての別れの挨拶。　昭和 46 年 11 月 22 日

鎮守への途中に江川小学校の分校があり、校門には教室から出て来た児童たち。

花嫁姿を一目見ようと村の女たちが寄ってくる。

祝言の席の中には姉や兄が酒をついで挨拶。　昭和 46 年 11 月 22 日

くれ祝言は座敷でおこなわれる。仲人をはさんで花嫁は左、花婿は右。

宴がすむと、花嫁は仏壇の先祖に別れの挨拶。　昭和 46 年 11 月 22 日

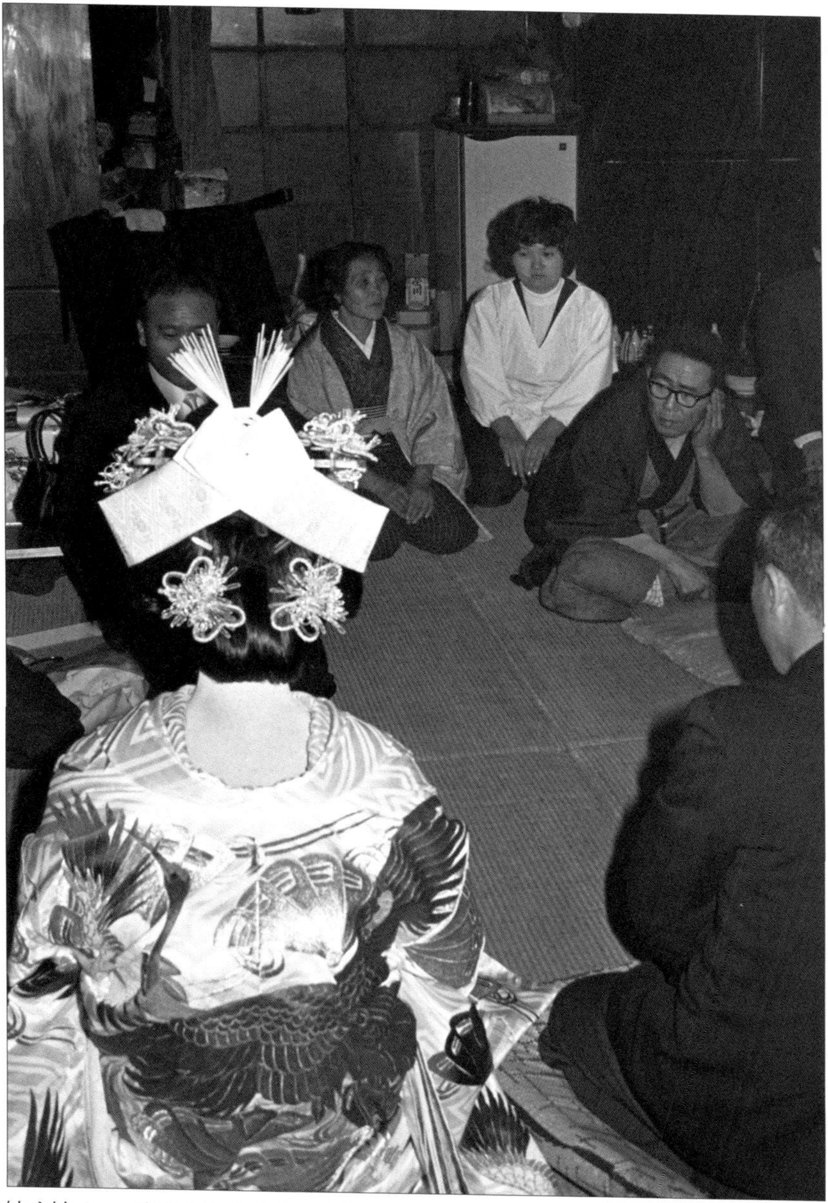

嫁ぐ娘は、両親や兄姉たちとの別れの挨拶。

嫁ぐ娘は、父親に近づいて挨拶をしたが、父親は思わず泣き顔になった。

くれ祝言は静かなものだ、と聞いてはいたが、予想をはるかに越えていた。

長持を峠まで担いだ時代から、自動車で運ぶようになったのは第二次大戦後。

昭和 46 年 11 月 22 日

外では花嫁の姿を一目見ようと、村の大人や子供たちが、今か今かと待っている。

もらい祝言

婦人会が、昭和 43 年 8 月に揃えた徳利盃 (右) と長皿の箱

婦人会が管理する膳椀を祝言の行われる家に運ぶ。　昭和 44 年 11 月

食材は、流しから囲炉裏の鍋、さらに膳へと板床の高さが作業の基準だった。

親類、五軒組の女たちが集まって祝言の席の準備。

昭和 44 年 11 月 15 日

小休止。女たちの連帯の力によって祝言の準備がされる。

雄蝶、雌蝶のお神酒。早朝に床の間に据えられる。　昭和 44 年 11 月 15 日

晴れ姿をととのえる女たち。鎮守まで導く左の男の子は、花婿を待っている。

女たちの気がすんで、神社にむかう花婿。右端で見送るのは太夫(神官)さま。

両親の健在な男の子が選ばれ、鎮守まで花婿を先導する。　　昭和 44 年 11 月

神前で祈るのは、祝言の日の中でこの時だけである。

むかいけんざん。親に挨拶をして、花嫁を迎えに行く。

昭和 44 年 11 月 15 日

花婿が花嫁を迎えに出かけると、ふすま、帯戸が取り払われ、広間ができる。

広間になった家の中は、50人ほどが集まる祝言の宴会の席となった。

夕方、花嫁の到着。　たんす (長持) 唄のかけあいがある。

長持唄 (タンス唄) の掛け合いは長い。見物人も唄のやり取りを楽しみにした。

仲人を先頭に婿、花嫁の順で嫁ぐ家に入る。

運ぶ荷が長持の時代は、峠で受け取り渡しをしたという。

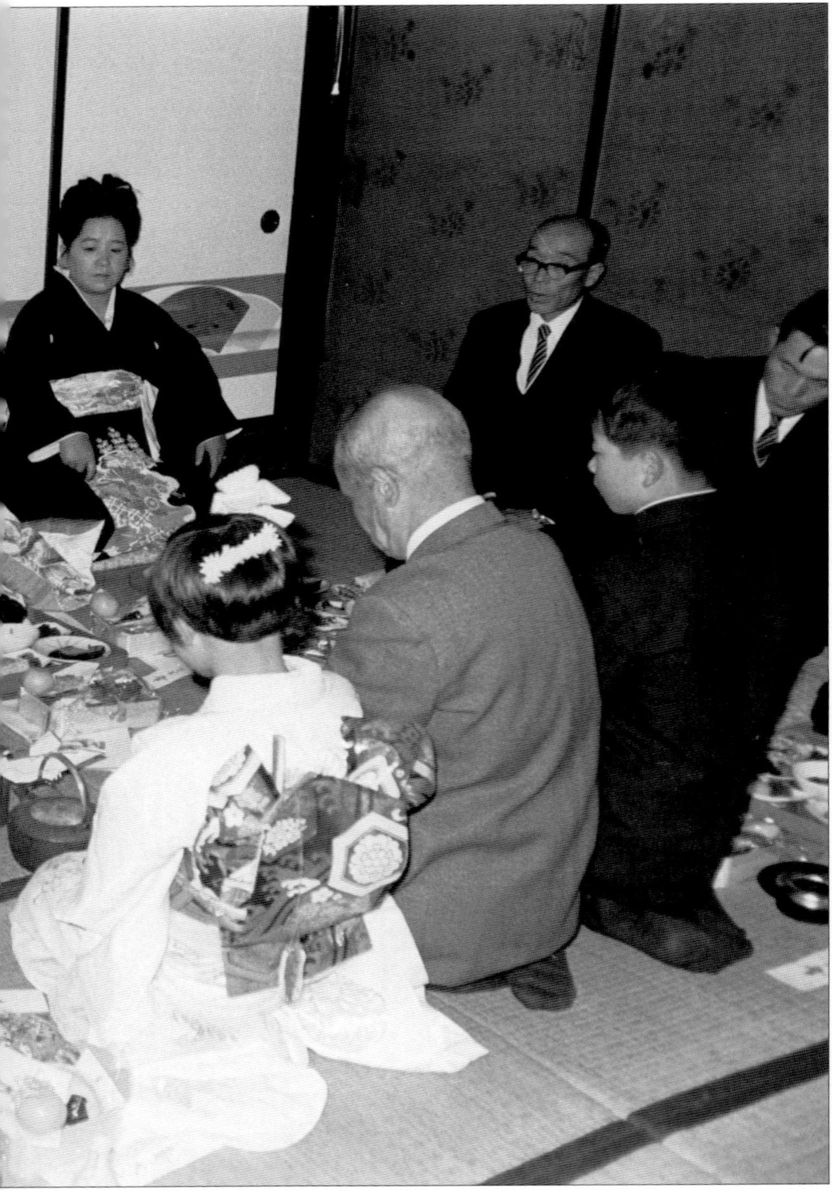

「天(あめ)」と「地(つち)」の二文字を空に書く。天地和合の契りを結ぶ意味。

三三九度の杯をかわす時、右頁中央の長老が、左右のそれぞれの手を別に使い

昭和 44 年 11 月 15 日

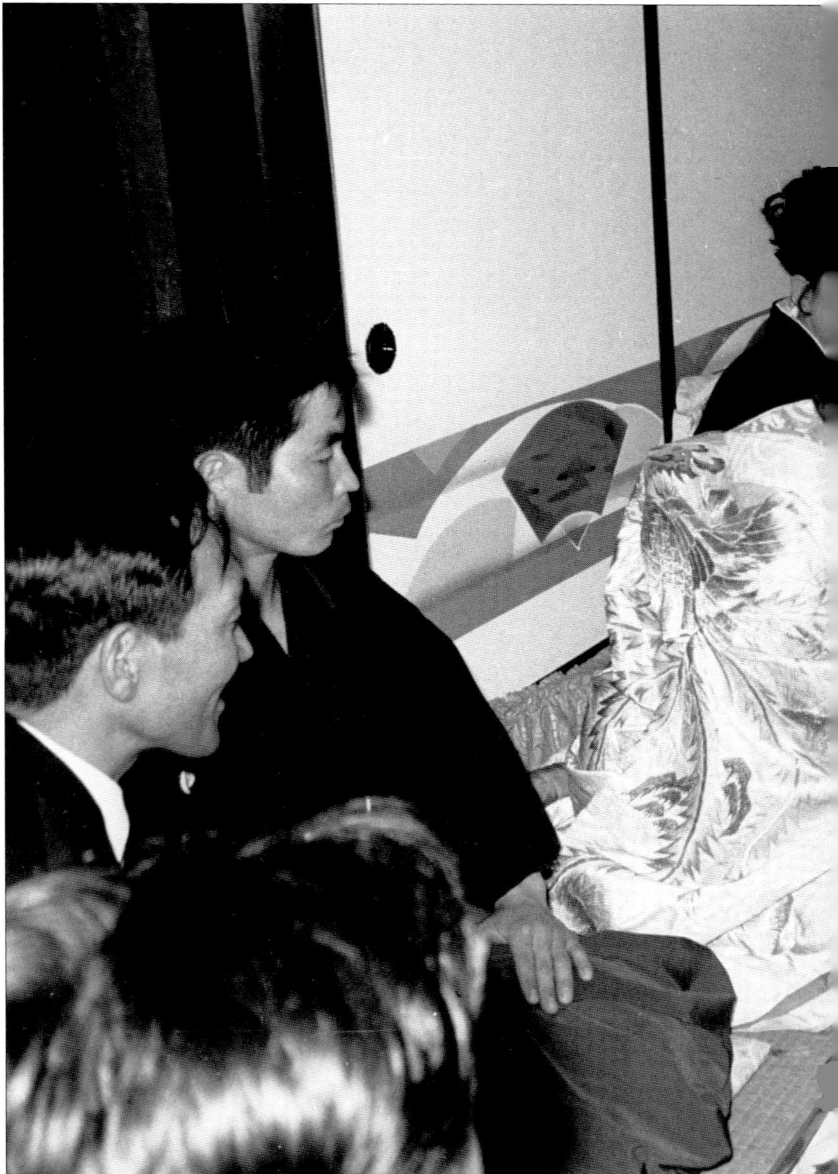

三三九度の杯にお神酒をつぐのは、両親の健在な男の子と女の子の役。

村の祝言は、酒という神をいただいて契りをかわす、人前の儀式である。

地分（親類）の発声で乾杯。縁にいた子供たちは、障子をあけて花嫁を見る

右奥は上座敷、床の間の前で新郎新婦の席。下座敷から左下の囲炉裏までの広間。

天地和合を空に書いた翁は蕎麦売り、鎮守の太夫(神主)も酒宴を盛り上げた。

親類まわり

宴もたけなわのころ、花嫁は村の主だった親類の家を挨拶にまわる。

厄はらい（四十二歳）

男の厄年の四十二歳には、親戚や友人を招いて厄払いの振る舞いをする。

昭和47年1月15日

振る舞いの準備は、親類の嫁や向こう三軒両隣の五軒組の女たちが支える。

四十二歳の厄払いには、主役として振る舞える喜びがある。昭和 61 年３月９日

四つ折の座布団に、徳利と角皿を挟んで獅子頭を作り、子供のおもちゃでお囃子。

両手の小皿を打ち鳴らし、箒は弦楽器として宴の賑わいを盛り上げる。

還暦（六十歳）

昭和55年8月17日

太夫（神主）の還暦祝いの祝詞、床の間の一升瓶に加え、座の中央には四斗樽の酒

昭和61年３月９日

床の間に上げられたお神酒の前で、還暦の祝いを述べる。

金婚式

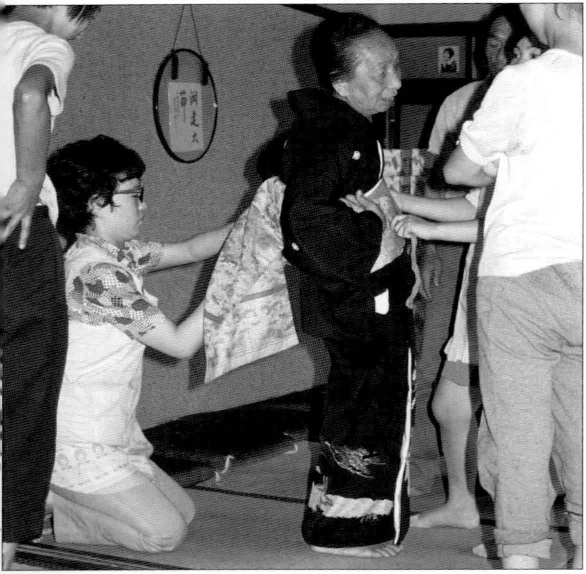

着付け

ひ孫たちが見守る中で記念写真　　昭和 45 年 8 月 12 日

太夫さまのおはらい

床の天照皇大神掛軸の前で太夫(神主)が祝詞をあげ、祝いの宴が始まる。

太夫さま(神主)からお祝いのお神酒をいただく　昭和45年8月12日

座興

子供夫婦、孫の総勢 28 人が泊まった夜。　昭和 45 年 8 月 13 日

昭和 45 年 8 月 12 日

金婚式・子夫婦と孫全員集合

金婚式・子夫婦、孫全員集合

葬

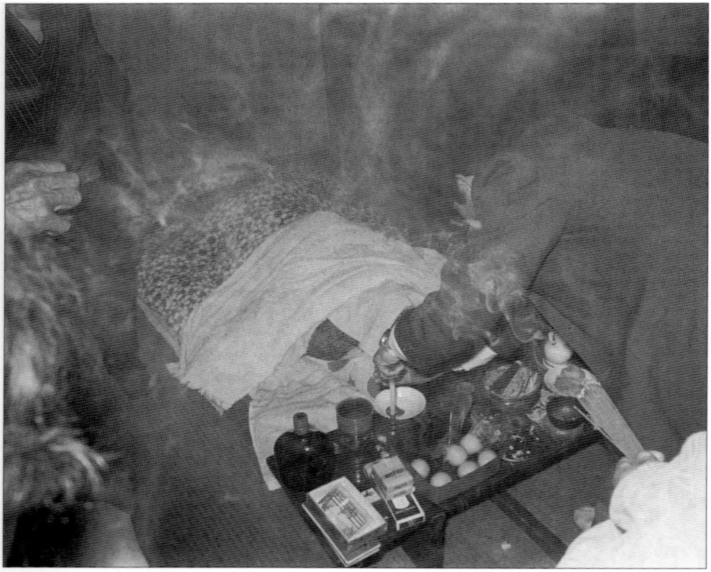

通夜　　　　昭和 51 年 6 月 30 日

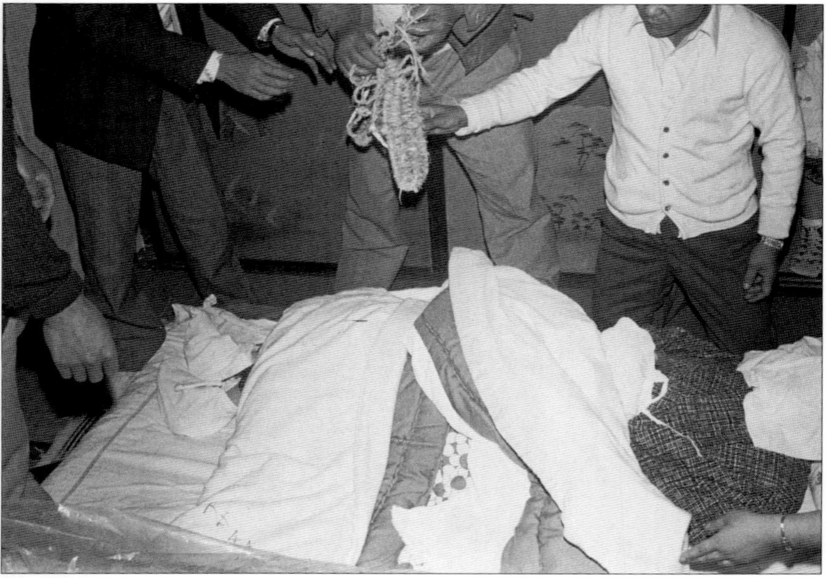

六文銭をふところに、白手甲、白足袋、草鞋をはかせて冥界への旅立ち。

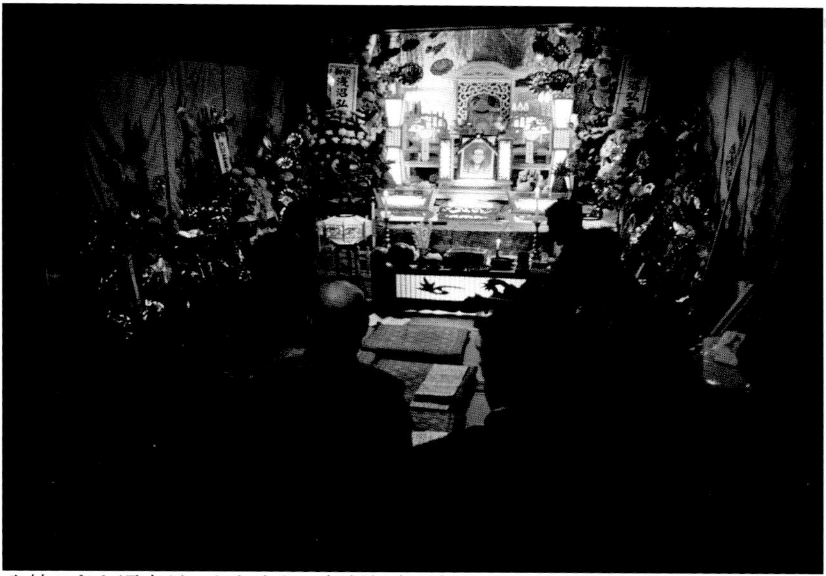

入棺のあと通夜がいとなまれ、親類縁者が鉦を叩き西国巡礼のうたよみをする。

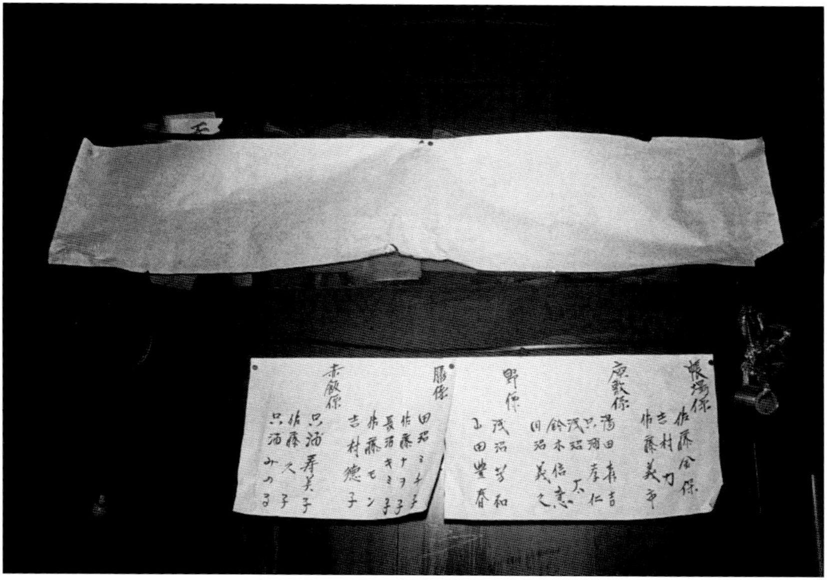

役決めが張り出される。半夏祭りの直前であったので神棚は白紙で覆われる。

葬儀の日の早朝、墓穴の場所を決め、縄張りをする。

卒塔婆を書く導師　　昭和 51 年 7 月 1 日

亡くなった人と縁の遠い六人が選ばれ、野方(のかた)として墓掘りをおこなう。

弔問客を受ける場は、囲炉裏のあるカッテ。

前夜の通夜に続いて、座敷で葬儀がおこなわれる。　　昭和 51 年 7 月 1 日

出棺。遺族の男は卍が書かれた三角の額紙(ひたいがみ)を付け、女は白頭巾

野方のかつぐ棺箱に縁の綱があり、遺族の女たちが引かれるように野辺を送る

灯明　　　香炉　霊膳　　遺影　位牌　松明　　導師　　墓地管理者(駐在員)

さらしの白頭(親族女)縁の綱　野方(のうかた)　棺(棺箱)　　　造花　親族

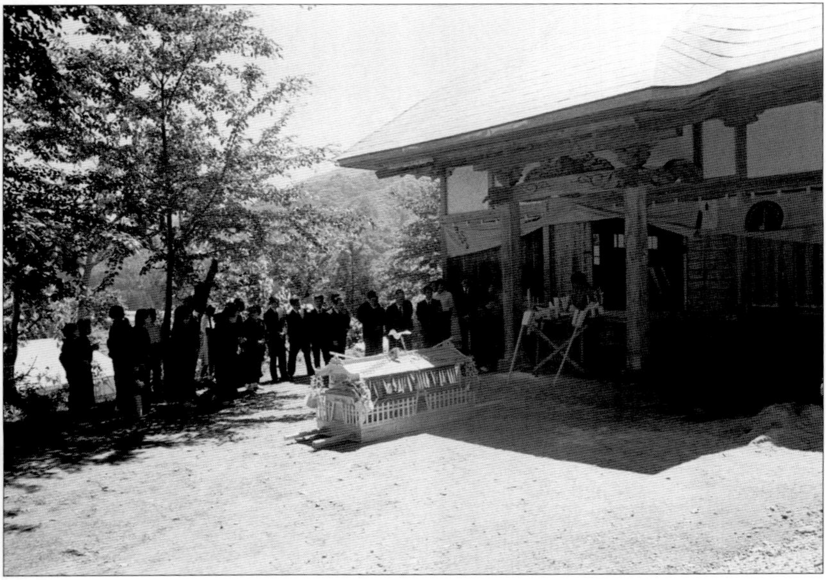

葬列は寺のニワで左回りに３回まわり、縁の綱を離す。導師の読経後、墓地へ。

造花

死花(造花)

六合(団子に棒)　灯明

ふきながし

親族

親族

孫　親族

野方(のかた)が棺を墓穴におろし、遺族が順に土をかけ埋葬する。

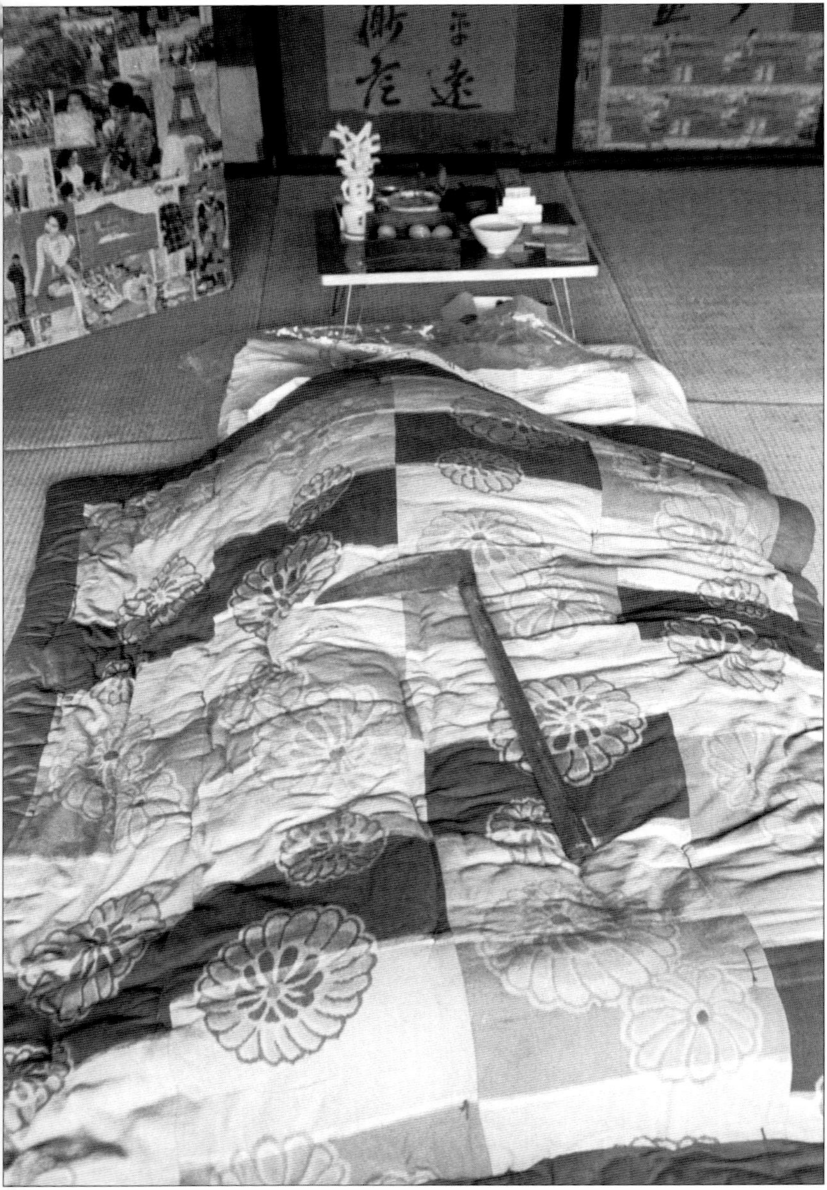

仏さまの遺体には魔除けの刃物（鎌）がそえられる　　昭和44年7月9日

通夜の準備に集まる親族と檀頭

昭和 44 年 7 月 10 日

仏さまの暮らした家の前に、駐在員（区長）、導師、遺族が並んで出棺を待つ。

昭和 44 年 7 月 10 日

野辺送りの葬列

埋葬は野方の役。共に生きるには、すべてを自らの手によって暮らすことになる。

大地に帰る　昭和51年7月1日

撮影後記

大内が草屋根の宿場を今日まで残してきたのは、この地で共に生きる知恵を凝集した暮しの立て方の中にあった。商人や職人の中で育った私にとって、見るもの聞くもの一つ一つが新鮮な驚きであった。村の暮しは、学校教育では教わらなかったものばかりで、しかもはるかに水準の高い社会教育を、村人から受けることになった。聞いたことは書きとめ、見たものは撮影した。

草屋根がなぜ残ったのか、それをどう生かすか、これは当初からの課題であったが、草屋根を残したあかしの「共に暮らす」仕組みを継承せねば、草屋根は維持できないことを知るのに時間はかからなかった。が、共に暮らすことに口をはさむのは、よそ者には限界がある。

肩を寄せ合い、力を出し合う姿を私は美しいと思っていた。しかし村人の中には、過去からの生活継承を否定するものが少なくなかった。記録のつもりで私はカメラを用いたが、理解はされなかった。本でも出して儲ける気か、これが最も堪《こた》えた。結果、本冊子にまとめるのに半世紀を要した。フィルムには退色とカビの障害が出た。今回、修復と補正を施したが充分ではない。

文化財としての建物保存への理解を得るため、各家を訪ねての説明に追われ、撮影枚数は激減した。本冊子も写真集としてまとめるには不充分、不足が気になるが、過去に戻って撮影するのは不可能、今となっては取り返しがきかない。加えて今の村を撮る気になれない自分がいる。

国の文化財としての選定を受け、草屋根の家の修理と修景には補助が出るようになったが、その修理状況は満足できるものではない。この点に関しては、伝統的建造物群保存審議会の委員のを引き受けていた私にも責任がある。反対してばかりではことが進まない、と黙認するしかなかったのだ。その結果、新建材での修理は、伝統「的」保存となった。審議会に出される案は、茅屋根、柱、梁以外のほとんどが新建材で、伝承素材ではない。共に暮らした村にあっては、建材も力を出し合って用意した。蟻がミミズを引くように、木材を山から出していた時は、機械の利用もなく、身の回りの自然の素材に気を配り、孫の代のために植林をし、手を入れて育ててきた。

修理案の多くは施工業者が作成するが、それは日常業務の新建材利用のリホームで、伝統的手法を研修しているとは思えない。申請図面を受ける役所の担当者の勉強不足が何代も続いた。伝統的建造物群保存のための審議会とはいえない状況なので、ついにたまりかねて、新建材審議委員ではないと、二年前に私は身を引いた。施主である村人の意識が高まるのを待つしかない。

文化財としての建物の修理に、厳しい規定を設けている国もある。過去の素材と同じものを使うばかりでなく、機械化や人力以外の動力化した道具の使用を許していないのだ。

「面倒なことをやればいいんだべ」という理解者が村の若者の中にいる。現状ではこの言葉を頼りにするしかない。面倒くさいことには多くの人手がいる。他者の力が必要になった時、共に暮らした先人たちの生き方に学ぶことが、伝承した景観にも表れてくると考えている。訪れる客は、村人の生き方から、何かを学ぼうとしていることを忘れてはならないと思う。

平成二十九年六月八日

大田区雑色《ぞうしき》にて　　相沢韶男

大内の写真記録

瞬間の遺産 四

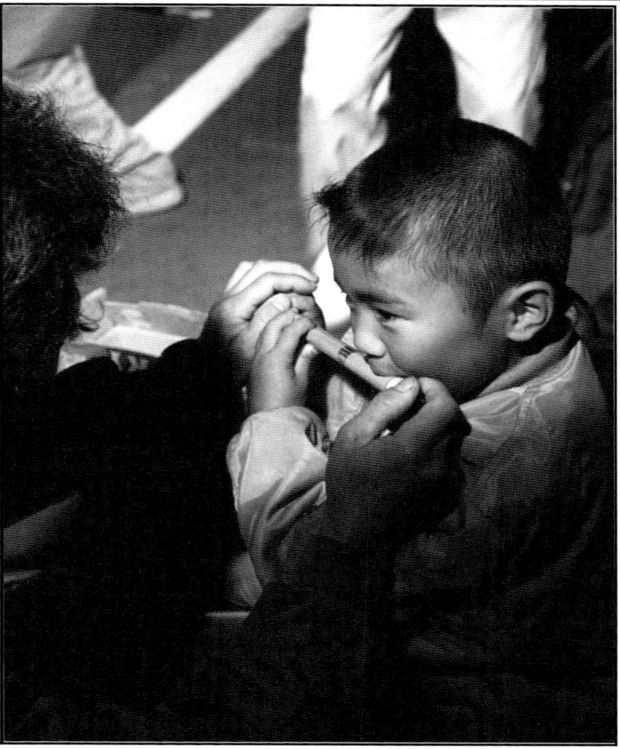

相沢韶男著

ゆいデク叢書

はしがき

大内ではいかに子供たちが育ってきたか、この村に関わって半世紀もの間、子供たちの姿をまとめてみたいと考えていたものの、何を核にしたらよいのか迷ってきた。
草屋根を守り残したのは、子の育て方が重要ではなかったかと考えてもいた。しかし育て方を映像として記録するとなると至難のわざであった。幼き愛くるしさは捉えられても、伝統文化を残してきた姿を記録したことにはならないからである。
表紙に挙げた、初めて笛を吹く少年の姿を撮影していた時、求めていたのは「これだ」と直感した。青年の太鼓に加わっていた一人の子が、練習を撮影する私の様子を見つめていたが、それにも飽きて、座っていた箱の中の笛を何気なく手にした。大人の真似をして吹いたものの、音が出ない。青年の一人が、初めて笛を手にする子を見つけ、間髪入れずに駆け寄って、笛の持ち方を直した。次に笛を回して音の出る位置を確かめさせた。その場には父親もいたが、子の笛には関わらず太鼓の練習をしていた。笛の吹き方を知る者が近寄って教えたのだ。
曾祖父も山仕事に笛を持って行って、仲間と吹いたという。笛の吹き方を教えるのは、血筋の直系とは限らない。民俗文化の伝承に、村の底知れぬ力を感じた瞬間だった。
『瞬間の遺産一（草屋根の一年・行事の一年）』を発刊した頃、次は表題は「大内のこどもたち」と考えていた。草屋根の宿場を守ってくれるのは、次の世代であるからだ。
初めて笛を手にする子を映像に納めたことで、「大内のこどもたち」の冊子の核が出来たと思った。しかし発刊には躊躇した。表紙に使うためには、この子の成長を待つ必要があったからである。表紙に使って、この子の人生を狂わしてはいけないと考えたのだ。撮影してから十七年が経ち、そろそろ大丈夫だろうと判断をして、家族から掲載の了承をいただいた。

私は「伝統」という語の意味を理解していなかったので、伝承という語を用いることが多かった。改めて漢和辞典を引き読んだら、「統」の充には、子がひとり立ちするほど大きくなるという意味がある。糸偏は血縁と文化の二つの伝承の線が絡み合った表意と考えられる。
黄表紙（草屋根の一年）、次の茶表紙（大地で生きる）は黒表紙の代替えである。そして青表紙（共に暮らす）の三冊に続いて、今回の巻は赤表紙（大内のこどもたち）。これで大内の写真記録としての草双紙が揃った。さらに合巻にまとめたい。しかし大内を訪れる見学者は、合巻を手にする人は少ないことが予想される。売捌きの方法を考えなければならない。
大内が伝統的建造物群の選定を受ける前の写真記録を拾い集めて四冊、草双紙を試みたが充分ではない。もっと注意深く村の暮しを見つめておくべきだったという反省だけが残る

平成二十九年十一月二十二日　　東京都大田区・雑色にて　　相沢韶男

瞬間の遺産　四

目次

大内のこどもたち

母《オカァ》と

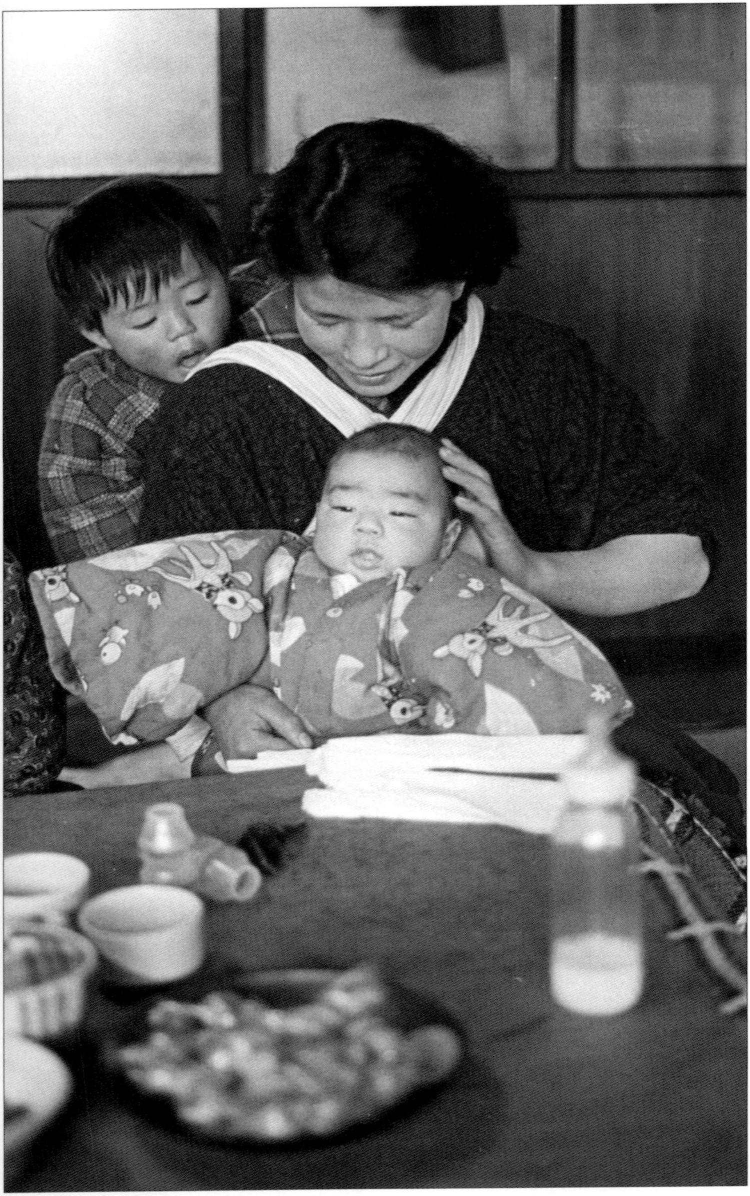

背と前に子を抱えて 昭和47年3月30日

洗濯もの干し　昭和46年11月23日

畑仕事に連れられて　昭和44年8月20日

昭和 44 年 8 月 20 日

畑仕事の準備

昭和 47 年 3 月 29 日

野良仕事を終えて

父《オトッツァ》と

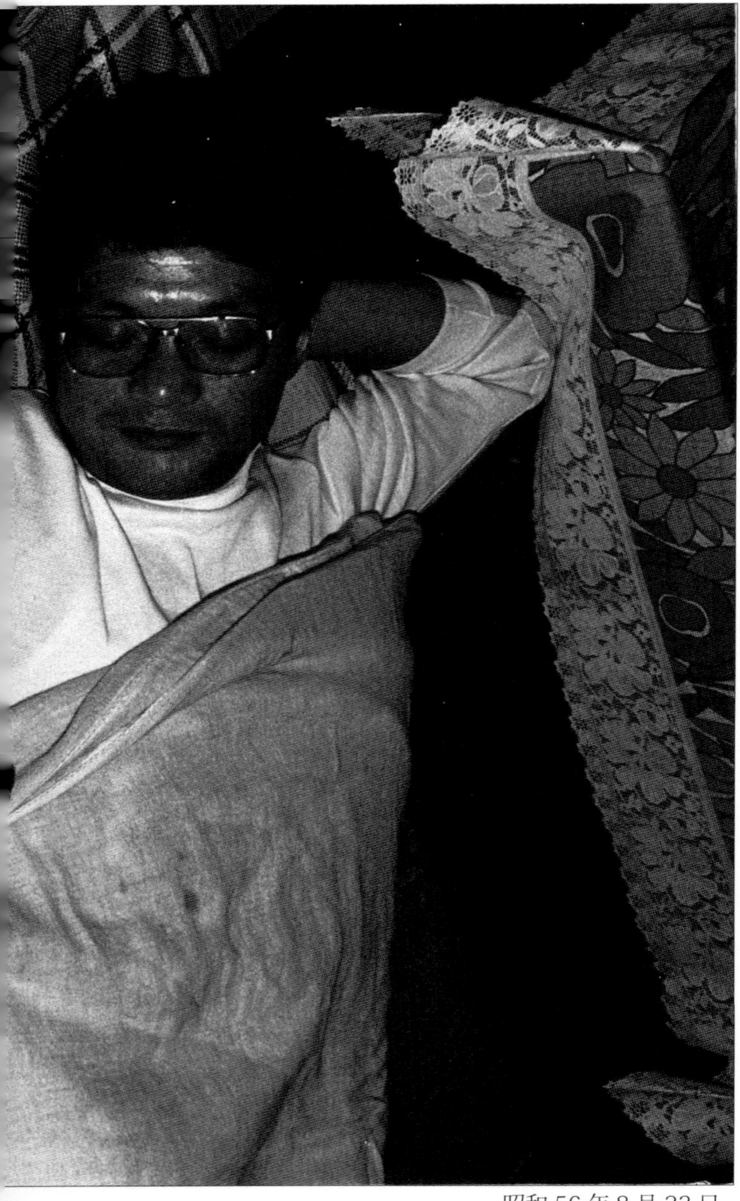

昭和56年8月23日

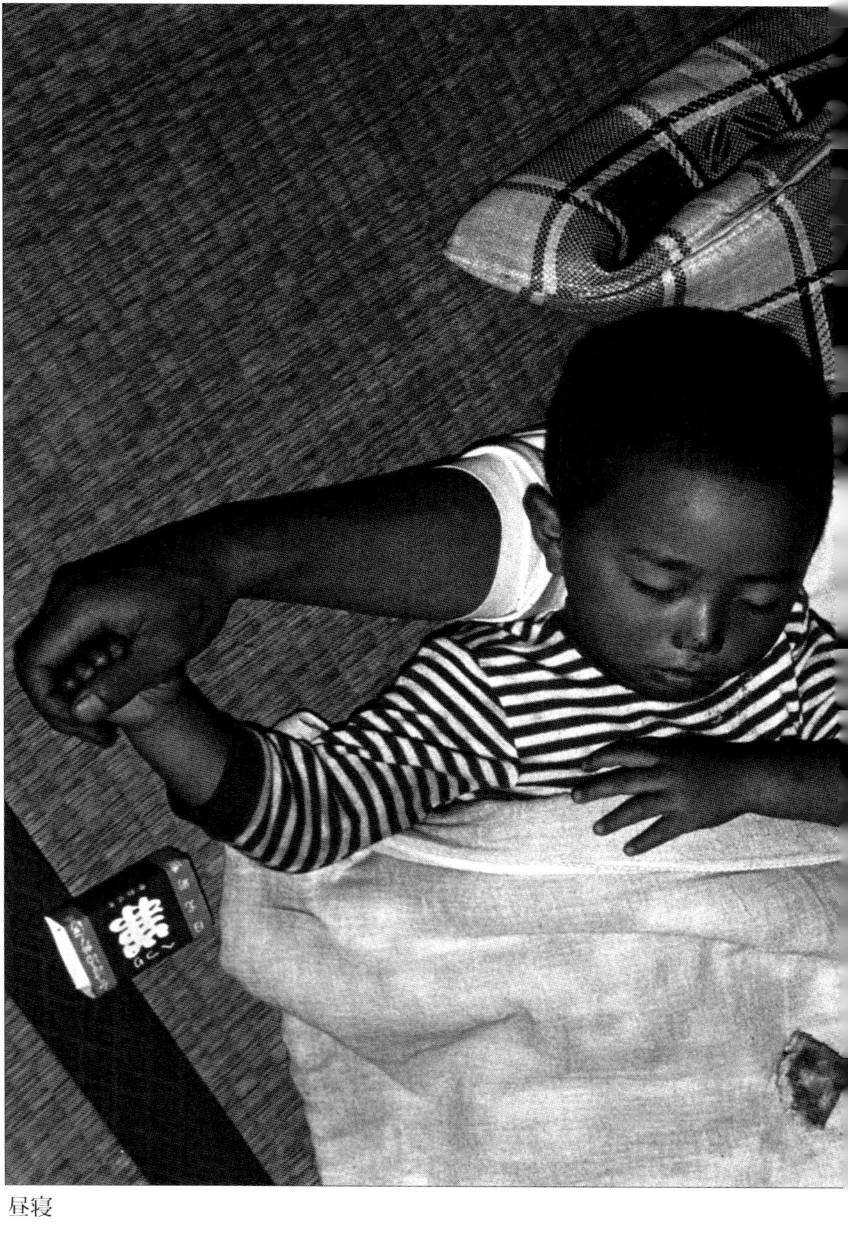

昼寝

爺《ジイヤ》婆《バァヤ》と

孫を背にして　　昭和44年7月12日

子守りをしながら蓑編み　　昭和44年10月

孫を背に買い物　　昭和 44 年 10 月

昭和 44 年 10 月 27 日

昭和44年10月9日

昭和44年10月

大豆を脱穀する婆(バアヤ)の集団保育

昭和44年10月

集団保育の園児たち

昭和 44 年 10 月 27 日

孫を背に一休み

昭和45年6月

昭和45年8月3日

精米作業におぶわれて　昭和 44 年 11 月 15 日

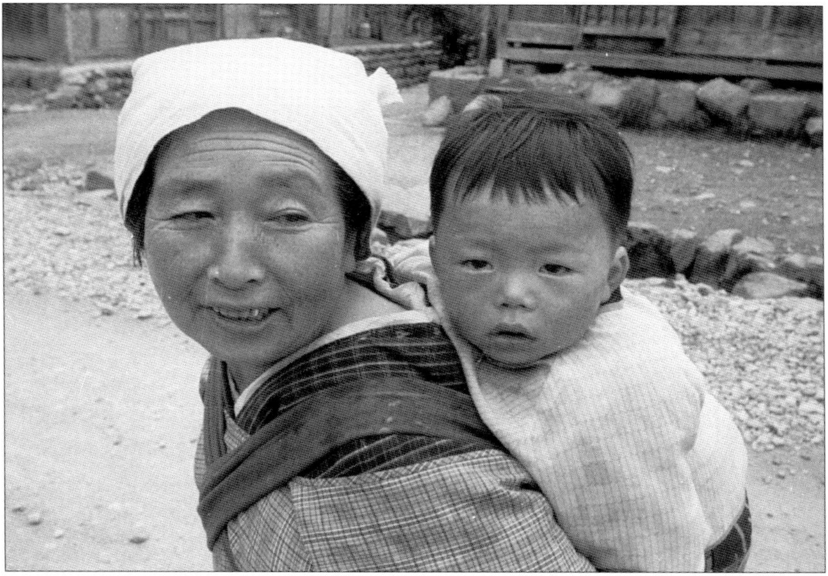

昭和 44 年 7 月 9 日

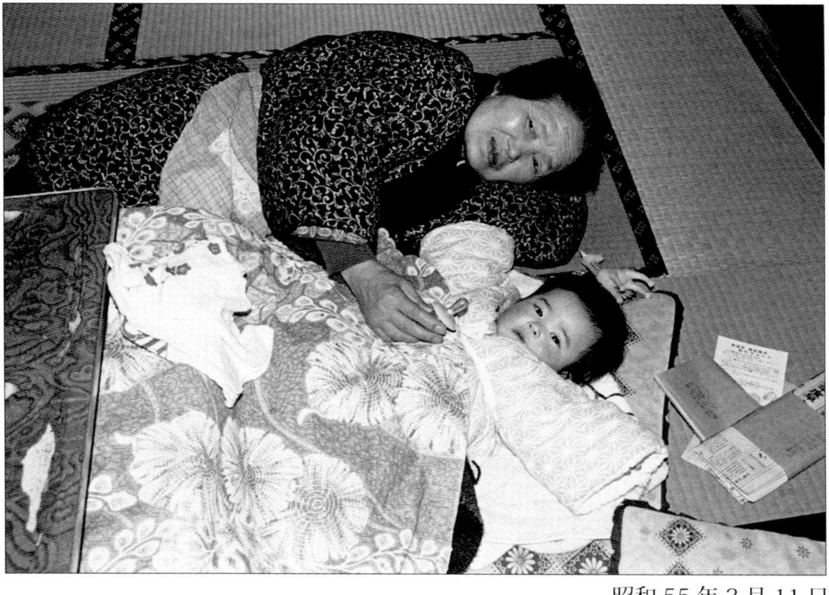

昭和 55 年 3 月 11 日

姉《アネエ》と

仮縫い　　　　昭和45年6月

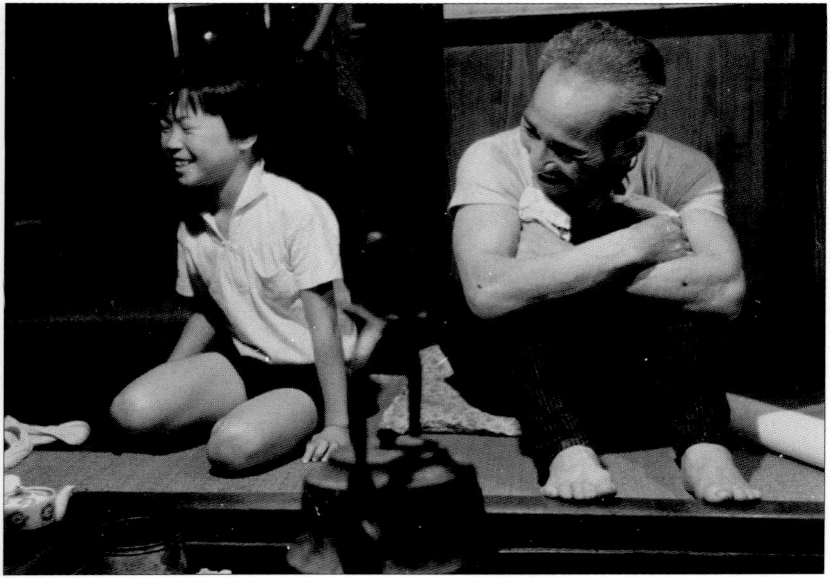

昭和44年8月21日

昭和 44 年 8 月 21 日

昭和 44 年 8 月 21 日

友と

昭和 47 年 7 月 3 日

泥んこ遊び

自分のメンコが取られるかも。　昭和 45 年 10 月 26 日

メンコ遊び　昭和 47 年 3 月 30 日

髪結いごっこ　昭和 47 年 3 月 29 日

冬休みの宿題をかかえて　昭和 44 年 12 月

若者の魚さばきをのぞき見る　昭和44年7月1日

漁猟の伝承

魚を取り、さばく様子は、子供にとって興味深い。いずれ自分もやってみたい、と大人の様子から学ぶ。

やがて大きくなって、魚をつかまえようと、仲間をさそう。川に行けば危険もあり、すでに遊びの域を超えて、狩猟や漁労の世界へ入ることになる。

魚取りは遊びの中で伝承される。昭和47年3月30日

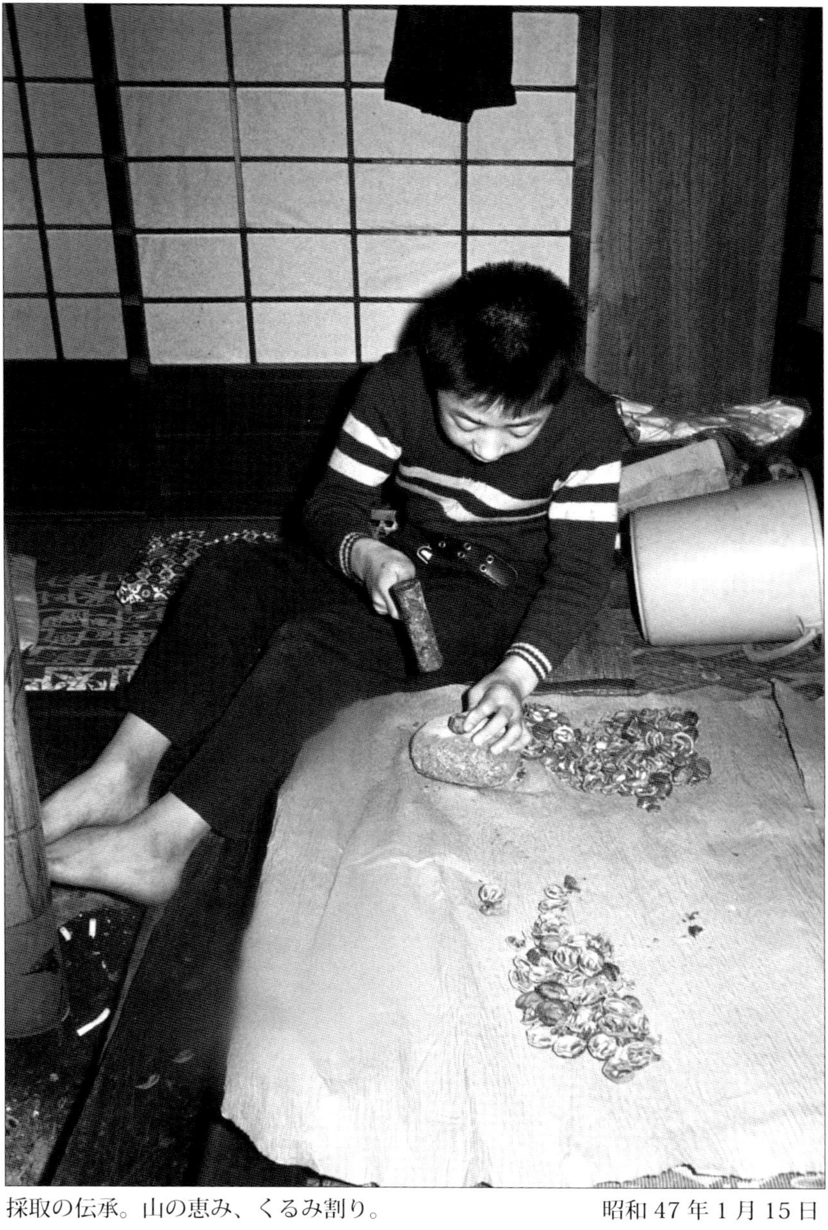

採取の伝承。山の恵み、くるみ割り。　昭和 47 年 1 月 15 日

昭和 44 年 11 月 15 日

用水での遊びは危険をともなう

野菜を洗う女子、釣り竿をもつ男子、ママゴトにしては本格派。昭和44年7月9日

ツケ木か？　昭和 45 年 8 月 12 日

稲ハデをくぐる　昭和 44 年 10 月

家族のアルバムを見る　昭和 47 年 1 月 15 日

自転車の空気入れを利用して噴水　　　昭和 55 年 7 月

コマ回し。　昭和 45 年 7 月 17 日

無線機。　昭和 45 年 7 月 17 日

丸太を利用して卓球台を作る。　昭和 44 年 8 月 11 日

共同作業

村に生まれた子は、共に暮らす社会の中で育つ。大人の生き方を見て、共同作業を日々のものと自覚しながら成長する。一人では出来ない作業も、大勢によって成し遂げられる実感を、身をもって知る。

一人の力が、大勢の利便になることを、具体的な行為で身につけながら、青年や娘へと成長する。

子供たち全員が上下に分かれて道と用水の掃除　　昭和44年8月13日

用水掃除の共同作業　昭和 44 年 7 月 26 日

子供たちの待ち揃い

採取共同

待ち揃いをして、フキとりにでかける。採取は自然の中で生きる基本であり、山菜は古くから伝承された共有の財産。個人でも採りに入ることが多いが、子供たちは、仲間と連れ立って山に入る方が安全だし、得た収入で、小学校で必要な文具や学用品の購入に当てている。

フキ取り　　昭和 45 年 6 月

子供たちが揃うと目的の場所に出発　　昭和 44 年 7 月 13 日

江川小学校大内分校

村には昭和二十六年に立てられた木造校舎があった。追分沼に揚水式発電ダムが建設され、その補償として、水田の基盤整備や分校の新築が行われ、この木造校舎は取り壊された。民俗資料館としての保存を願い出たが叶わなかった。

昭和 47 年 6 月 1 日

集団登校

右端の子はまだ学齢期には達していない。

分校の校舎は、揚水発電ダムの補償で、新校舎建設とともに壊された。

上と下にわかれ、上級生に手を引かれて集団登校。　　昭和 44 年 8 月 25 日

健康で明るく
ねばり強い
子どもになろう。
ふかく考えて
実行のできる
子どもになろう。
きまりを守り
なかよく助け
合いのできる
子どもになろう。

昭和47年7月3日

複式授業

音楽の時間　　昭和47年7月3日

昭和 45 年 6 月

校庭の石拾い　昭和 45 年 6 月

父兄参観　昭和45年6月

父兄参観　昭和47年7月

芋煮会　昭和 45 年 8 月 10 日

昭和 44 年 10 月 10 日

昭和 42 年 9 月 27 日

下郷町の全村が対抗する運動会。山間部に生きる村ほど強いと受け止めた。

煙草の乾燥の道を下校　　　　昭和 42 年 9 月 27 日

冬期の寄宿舎へ

冬期間は湯野上の寄宿舎生活。各児童の布団を運ぶ

布団運搬車　　昭和44年11月15日

大内分校の全学童と教職員

少子化と過疎化の中、200 人の村に小学一年生が 5 人。　平成 12 月 6 月 25 日

学校統合とともに、朝夕の二便運行のバス通学となった。　平成 17 年 9 月

昭和44年5月

放課後の夕方、家並の中で遊ぶ。

昭和 47 年 3 月 29 日

転勤する教師との別れ

儀礼と行事での役

同級生や仲間が見ているので懸命に腕を振る。　昭和 44 年 11 月 15 日

もらい祝言には、子供の大切な役がある。花婿を先導し鎮守へ道案内する。

三三九度の酒つぎ役、両親の健在な子が選ばれる。　昭和 44 年 11 月 15 日

花嫁の挨拶回りに付き添う　昭和 44 年 11 月 15 日

花火を日常は禁止し、盆の一日だけ、校庭で許されている。

大内少年消防クラブの「火の用心」の巡回。　平成17年8月9日

元旦の初詣のために、神社まで雪踏みをして道つけ。　昭和 45 年 1 月 1 日

初詣の参拝者のために、小社まで道つけをする。　昭和 45 年 1 月 1 日

獅子舞　昭和 46 年 11 月 21 日

団子の煮汁をまき、木槌を引き歩く　昭和47年1月14日

「ツチンボのお通りだ、モグラモチもったてんなよ、ナガムシ来んなよ」と唱え、

昭和 47 年 1 月 14 日

唱えごとをしながら、母屋、蔵、ハウスのまわりを木槌を引き歩く

干し草と正月飾りを集めるのは子供の役。　昭和 55 年 1 月 15 日

正月飾りを携えて塞の神へ　昭和 47 年 1 月 15 日

昭和 47 年 1 月 15 日

各家が正月飾りを持って来て、お神だての火祭りをする。昭和 55 年 1 月 15 日

塞の神の火で餅を焼く

正月飾りを持って塞の神に集まる。

子供たちが集めた干し草を、若者が切り出した杉に縛り、塞の神として立てる。

塞の神の火の煙草は虫歯にならない。

焼いた餅は健康に過ごせる。

昭和55年3月11日

三月三日の節句の雛壇

太夫(神主)さまのクツ持ち

子供の衣装　昭和44年7月2日

高倉神社で衣装をととえ、村に向かう。　昭和44年7月2日

一の鳥居では、山車をひく村中の子が待っている。　昭和 44 年 7 月 2 日

山車を引く子供たちの世話は青年会　昭和 45 年 7 月 18 日

昭和 45 年 7 月 18 日

昭和 44 年 7 月 2 日

家族は縁に座って、神輿や山車を見る。　昭和 47 年 7 月 2 日

お旅所の前で神事の間、山車を引く子供は待機。　昭和 44 年 7 月 2 日

昭和 44 年 7 月 2 日

祭りがすんで、山車に群がる。　昭和 47 年 7 月 2 日

初めて笛を手にした子

半夏祭りの一週間前、青年の太鼓の練習に加わっていた子が、座っていた箱の中に、笛を見つけた。さっそく手にして吹こうとしたが音が出ない。

この様子を見た青年の一人が駆け寄り、「笛の両はじを持て」と構えを直した。「笛を回しながら息を吹け」の指示。音が出た箇所で「その位置を覚えろ」と教えていた。

真剣な表情、子供の面構えとして滅多に見られるものではない。村であたり前に行われる社会教育の真髄を見た。

この夜、太鼓を打つ中には父親もいた。しかし自分の子には駆け寄ることなく太鼓を打ち続けていた。三一〇頁上段の写真、曾祖父の背にいるのはこの子の父だが、曾祖父は笛の吹き手。山仕事のあい間に習ったと聞く。

「伝統」という漢字は、糸のごとく繋がり、子を育て、文化を伝えていく、と解釈できる。笛の技術は、血筋とは別に、世代を超えて、糸のごとくからむように繋がり、村の日常の暮しの中で伝えられてきた。

民俗文化の伝承というものが、日々のありふれた生活の中で受け継がれることを目の当たりにし、半世紀かけて、伝統の語を撮影することが出来たと感じた。

祭の前は、青年が太鼓の練習をする。　平成 12 年 6 月 25 日

小学一年生の子が青年の太鼓練習に加わっていた。

座った箱に笛を見つけて手にしたものの音が出ない。　平成12年6月25日

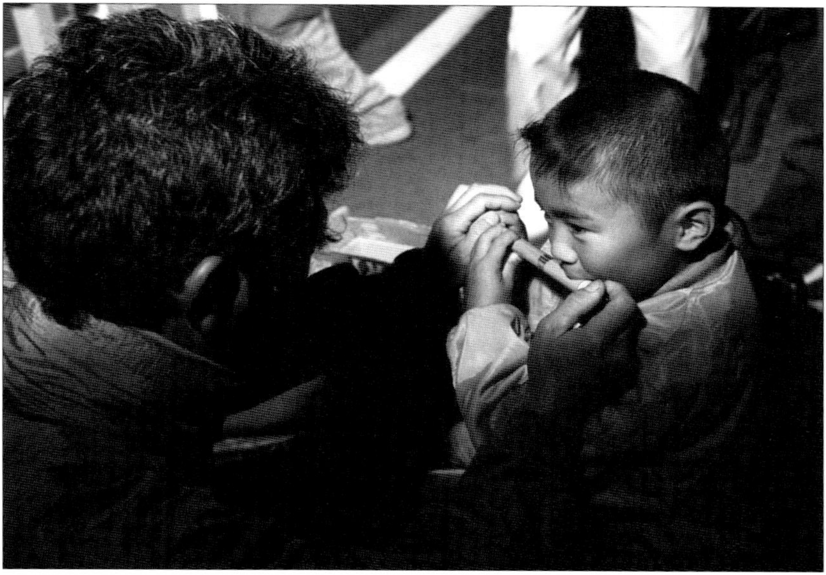

すかさず青年の一人が駆け寄って、笛の両端を持ち、回すことを教えた。

笛を回して、音の出る唇の位置を確かめる。　平成12年6月25日

青年の教えに素直に従い、笛を回して、音の出る位置を覚えようとした。

大人の真似をしても音が出ないことを知った子は、真剣そのもの。

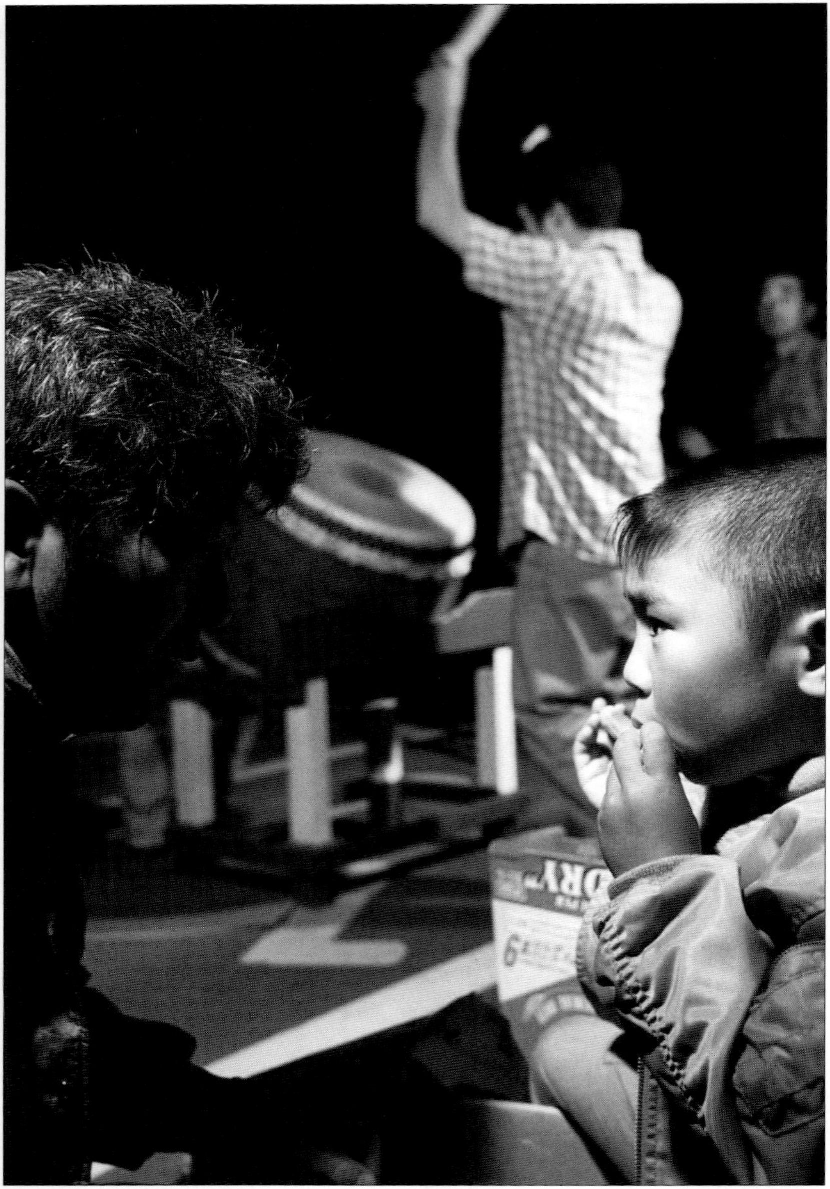

笛の吹き方は血縁が離れていても伝承されるのが村。　平成 12 年 6 月 25 日

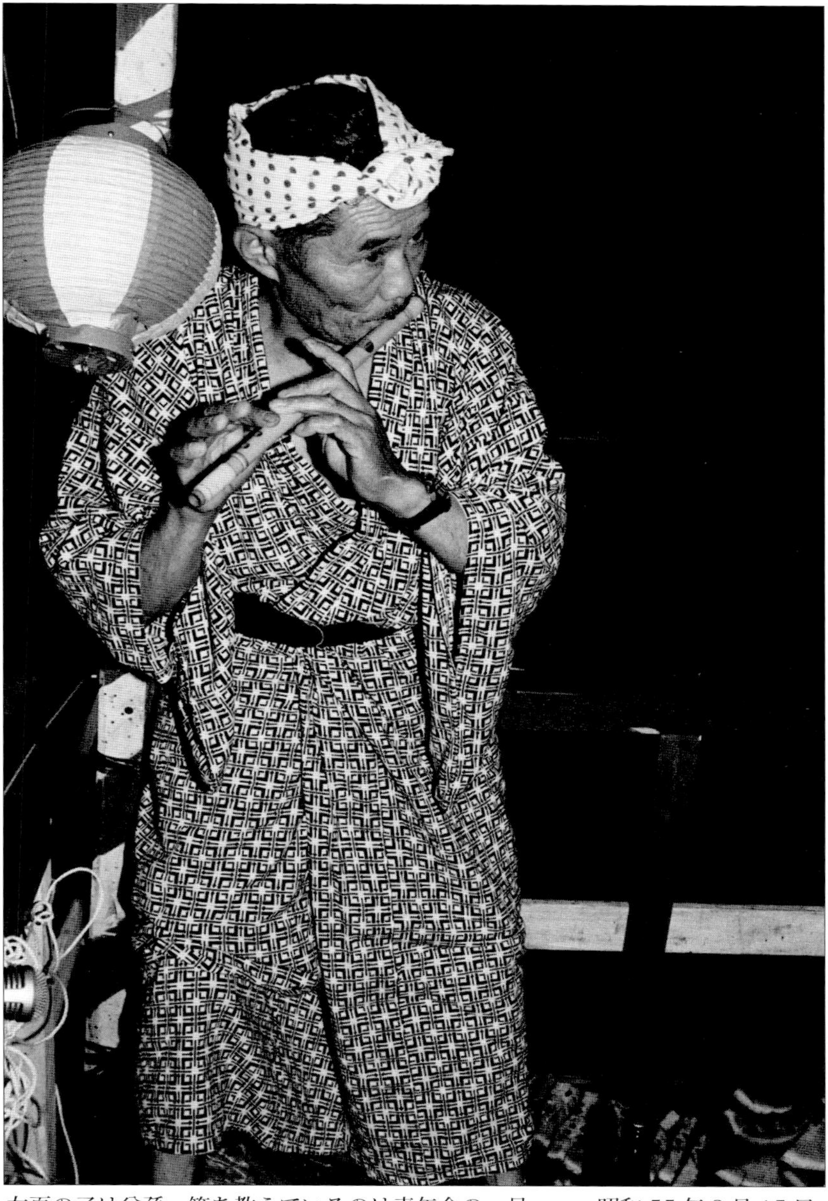
右頁の子は曾孫、笛を教えているのは青年会の一員　　昭和55年8月15日

盆の墓参りに備えての墓掃除は子供の役　昭和 44 年 8 月 14 日

墓掃除は兄弟姉妹の全員であたる

墓参りがすむと迎え火を焚く。　昭和44年8月15日

仮装して盆踊りに加わると懸賞がもらえる。　昭和 44 年 8 月 15 日

懸賞踊り。江戸時代の風祭が、盆踊りと一緒になったものと推察できる

子供への農耕伝承

子供たちは、幼いころから親の働く姿を見て育つ。村で生きることは、田や畑や山や野良で働くことであり、自然の恵みによって、命が支えられていることを知っている。

親類や気の合う者同士の労働交換や助け合いを、間近に見て育っているから、親を助けられる体力がつけば、自ら進んで働き手となる。農業は、親も子の手や力を頼りにする家業なのだ。

家業の手伝いを通して、農業技術や栽培作物への知識の伝承を行っているともいえる。

農業は、考え方によっては、反自然的な生き方といえる。自分たちが生きるために、必要以上の量を生産をするのも、村で作れない物を購入しなければならないからである。生産と消費のバランスが崩れて、支出が多くなった高度経済成長の一時期、都会への出稼ぎを生じさせ、妻子に寂しい思いをさせた。

耕耘機で畑に向かう　昭和45年8月12日

養蚕の手伝い。蚕に桑の葉を与える。　昭和 44 年 8 月 14 日

イチゴの収穫、重い荷を背に母を助ける。　昭和 45 年 6 月

ジャガイモの収穫　昭和44年8月14日

稲の脱穀作業　昭和45年10月25日

大根出荷　　昭和 44 年 8 月 14 日

中学生の通学

都会へ出て、高度経済成長を支えた者も多い。　昭和44年10月2日

湯野上に通う中学生。5Km の道を歩く。中学を卒業すると、金の卵として、

朝日に向かって、湯野上の中学校へ登校する。　昭和 44 年 11 月

未来の子供たちへ（撮影後記にかえて）

君たちは、国宝の中で育ちました。草屋根の宿場を残したことで、君たちの生まれた村が、国の宝としての重要伝統的建造物群保存地区に選定されたのです。

この写真集は、文化財として選定される以前の様子が主ですが、子供たちの生活を見ていて、草屋根を残したのは、子供たちを大切に育て、先祖からの生き方を伝えてきたことにあると私は考えます。

民俗文化というのは、一人だけで継承するものでなく、村の誰もがあたりまえのものとして共有し、未来に伝えるものだと思います。先祖から伝えられたことを、日々の生活の中で実行してきたことが、草屋根の宿場を残しました。自然の中でいかに巧みに生きるか、祖先の生き方を大切に継承し、それを子供たちに伝えて来たから、村が国の宝になったのです。

明治維新以降の文明開化の風潮は、日本中が近代化を目指し、過去の民俗文化を軽視してきました。そんな中で大内の人たちは、過去の生き方を大切にしてきました。その結果、草屋根の宿場の姿を守ったのだと考えます。しかも残したのは草屋根だけではありませんでした。指摘する人もないことから気がついていないかも知れませんが、村の民俗文化のほとんどが残っていたといえます。

今、草屋根を見たくて、君たちの村を多くの人がやってきます。なぜだと思いますか。自然の素材を巧みに活かす技が、草屋根にあるからです。しかもその草屋根は美しいのです。多くの人が失ってしまった自然素材の美しさを、村全体で伝えているのですから、その仕事は大変なことなのです。日本だけでなく、今後は海外の人たちからも注目されるでしょう。世界中が反自然の生き方をしているからです。

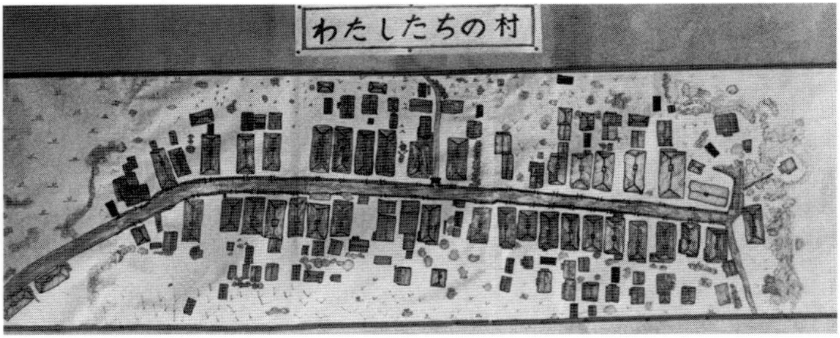

子供たちが描いた図面

未来に向けて、村の財産は、草屋根ばかりではありません。ありとあらゆる民俗文化がこの村の財産であり、将来を作ると思います。掘り起こしてみてください。今ならまだ間に合います。

まずは先祖たちの生き方をよく調べ、見つめなおして下さい。身の回りの自然を実に巧みに利用しています。次に日々の生活の中で、伝承されて来た民俗文化を大切にする暮しの立て方を考えて下さい。

自然を徹底利用して生きることは、その土地に永住できる生き方になると考えます。他者の土地に分け入って、他者を犠牲にする生き方には限界があることを世界の各地の歴史が示しています。生まれ育った地の自然を、いかに有効に徹底利用して生きるかは、人類の課題であり、その規範を君たちに作ってほしいのです。この村に生まれ育った子でなければ、この地に永住しようとする志は持てません。

君たちを古さの中に閉じ込めようとする考えではありません。進歩した新しいと思えるものの中に、人間を窮地に追い込むものがあることを知り、何が幸せで、何が進歩なのかを世に示して欲しいのです。

君たちに伝えられたことを、次の世代に伝えることをしてくれれば、それでよいのです。

平成二十九年十二月十四日　　大田区雑色にて　　相澤韶男

著者紹介

昭和十八年生まれ水戸育ち。武蔵野美術大学造形学部建築学科卒。宮本常一（民俗学）の教えを受け、国の内外を歩くうち、壊さない建築家を目指す。

著者近況

母校勤務を終え、自著を発刊することに時を使っている。右挿絵は、武蔵野美術大学勤務時代に、担当科目の受講生が、提出物に添えてくれたもので、描き人しらず。

南会津　大内の写真記録　――瞬間の遺産

二〇一八（平成三十）年一月三十日　初版第一刷発行

著　者　相沢韶男

発行所　ゆいでく有限会社
〒一四四‐〇〇五五
東京都大田区仲六郷三の四の一
電話　〇三・三七三六・四八三〇

発売元　（株）八坂書房
〒一〇一‐〇〇六四
東京都千代田区神田猿楽町一の四の十一
電話　〇三・三二九三・七九七五
URL：http://www.yasakashobo.co.jp

印刷　（株）博文社

製本　モリモト印刷（株）

ゆいデク叢書発刊に寄せて

戦争の二十世紀が終ろうとしている。これから迎える二十一世紀はいかなる時代になるのだろう。環境や人権の問題は、今世紀の延長として問われ続けるだろう。さらに宇宙探検と生命平等が加わる時代になるのではあるまいか。既成の価値観が崩れ、混沌とした中で、人類は破局の道を確実に歩んでいる。どうしたら思い止まることができるだろう。もしかすると、卑近な過去の生活の中に解決の糸口があるのかもしれない。次の世代にその中の何を渡せばよいのか、二十世紀を生きてきた者として責任を感じる。

ゆいデクの「ゆい」は、村落共同の根幹をなす相互扶助、労働交換の「結」である。共に生ることは、人類にとっての永遠の課題ではなかろうか、村が継承してきた生活のしくみに一つの真理をみる。「デク」は、宮沢賢治の雨ニモマケズのデクノボウから拝借した。ホメラレモセズ、クニモサレズ、そういうものを目指した先達に、宇宙での生命平等の世界観を感じる。

小さな村の人間の命は、周囲の自然に生かされてきた。その延長に、人類が地球に生かされていることがある。地球が再生する量を人間の消費が越えないように生きる、それが次世紀の生き方と考える。しかも人も動物も植物もその命は、地球という星では平等である。木の恵みが紙となり、文字の載った本が人の心をうるおし、山の神を喜ばして森を栄えさせたい。栃も熊も蛍も人も、共に生きる村ができぬものだろうか。

村里を歩くと人の情けを受ける。情を受けたまま次の世紀にはうつれない。情報は、情に報いると書く。それならば調べた者が、情報を源泉に直接返すことができぬものだろうか。やがて子どもたちが、自らを知りたがる時代が来る。未来を生きる子たちが、いつの日にか役立ててくれたら、それにまさる幸せはない。

しかし口頭伝承の世界へ、文字の媒体が最適かどうかの疑問はつきまとう。そこで江戸時代の草双紙を手本に、挿し絵や写真の助けを借りた。過去を引きずりながら進歩とは何かを問い続けたい。

平成十年一月

ゆいデク叢書　図書目録

相沢韶男著

『大内のくらし』一	（村の一年・村の憲法）	（一〇〇〇円）
『大内のくらし』二	（里歩きと炭焼き・生業変遷）	整理中
『大内のくらし』三	（通過儀礼と人の一生と信仰）	整理中
『大内のすまい』	（建て方と住まい方、各家の図面集）	近刊
『大内の道具たち』	（村を支えた民具と機械たち）	近刊
『会津茅手』	（草屋根職人の出稼ぎ）	近刊
『この宿場、残して！一』	（村に入って・保存の経緯と備忘録）	一二〇〇円
『この宿場、残して！二』	（村にダムがやって来た）	近刊
『この宿場、残して！三』	（村は文化財）	近刊
『わらじぬぎ』	（山形屋聞き書き覚え）	整理中
『おしめさげる村』	（私の宿場保存）	近刊
『村への提案』	（保存の意義と提案・草屋根から森へ）	一〇〇〇円

『瞬間の遺産一』（草屋根の一年、行事の一年）　一〇〇〇円

『瞬間の遺産二』（大地《おほち》で生きる）　一〇〇〇円

『瞬間の遺産三』（共に暮らす）　一〇〇〇円

『瞬間の遺産四』（大内のこどもたち）　一〇〇〇円

『大内の写真記録』（「瞬間の遺産」合巻　八坂書房発売）　四五〇〇円

『村の子どもたちへ』（私の遺言書）　近刊

『村の電脳事典』（大内のＣＤ百科事典）　作成中

『先人たちの記録』（大内古文書のデーターベース）　作成中

『美者たらんとす一』（壊さない建築家をめざして、日本犬歩当棒録）　一〇〇〇円

『美者たらんとす二』（壊さない建築家をめざして、西方見聞録（一））　一〇〇〇円

『美者たらんとす三』（アイヌの民族文化との出会い）　編集中

『私の民俗博物館』　近刊

『私の建築計画集』（地域計画、建物再生計画）　編集中

『私の学んだ人』（職人聞き書き集）　筆耕中

『西方見聞録』　編集中

1ユーラシア大陸編

2アメリカ大陸編

3東欧・北アフリカ編

4中国編

『人類学からみたデザイン』　近刊

ゆいデク選書（大内関係）図書目録

『先人たちの大内記録一』長沼豊丸著　一五〇〇円
（郷土の歴史伝承、戊辰戦争、郷土のくらし）

『先人たちの大内記録二』佐藤戸市著　筆耕中
（会津戊辰戦争のこと、郷土の伝承）

ゆいデク選書　図書目録

『日本の古典芸能』　佐藤健一郎著　二〇〇〇円
武蔵野美術大学　平成十四年度「演劇」講義録

『アイヌの民具実測図集一』　一五〇〇円
（漁労、飼育、農耕、脱穀、煮焼蒸、調理食、容器包装具）

『アイヌの民具実測図集二』　一五〇〇円
（運搬、住、燈火、着、容姿、紡織編、切截、加工、計測、信仰、施設）
平取町立二風谷アイヌ文化博物館・萱野茂二風谷アイヌ資料館
武蔵野美術大学生活文化研究会

『AINU　TOOLS』　二〇〇〇円
（アイヌの民具・萱野茂著）英訳プロジェクト（代表小川聡子）

諸国売捌所

東京都大田区仲六郷三の四の一　（〒１４４-００５５）

ゆいでく有限会社　電話　０３（３７３６）４８３０

（メールアドレス）　yuideku@gmail.com　または　yuideku@hotmail.co.jp

https://sites.google.com/site/yuideku/

ゆいデク叢書/選書　蜘蛛巣売捌所　相澤韶男

ゆいでく㈲公式ウェブサイト。自社が出版する叢書、選書。相澤韶男著作を販売。

ゆいデク叢書と選書が十三冊になりました。

上記画面の弊社公式サイトを開設しました。

『ゆいデク叢書／選書　蜘蛛巣《ウェブ》売捌所《うりさばきしょ》』です。

https://sites.google.com/site/yuideku/

ネット上の検索語として「ゆいデク」または、

「ゆいデク叢書／選書」、「ゆいでく（有）」など

を入力して下さると、探しやすいようです。

既刊、近刊の御案内、ご注文方法などを、

その都度お知らせいたします。